U0615820

中央高校基本科研业务费项目东北振兴专项（N2024003-05）阶段性成果
辽宁省2022年决策咨询和新型智库委托研究课题阶段性成果

商营环境评估：

以提高市场主体满意度为导向

BUSINESS
ENVIRONMENT
ASSESSMENT:
Oriented to Improve the Satisfaction of
Market Entities

刘 钊 李新根 高志广 李卓谦/著

经济管理出版社
ECONOMY & MANAGEMENT PUBLISHING HOUSE

图书在版编目（CIP）数据

营商环境评估：以提高市场主体满意度为导向/刘钊等著．—北京：经济管理
出版社，2022.8

ISBN 978-7-5096-8653-9

Ⅰ.①营…　Ⅱ.①刘…　Ⅲ.①区域经济发展—商业环境—评估—东北地区
Ⅳ.①F127.3

中国版本图书馆 CIP 数据核字（2022）第 138792 号

组稿编辑：张　昕
责任编辑：张　昕
责任印制：张莉琼
责任校对：陈　颖

出版发行：经济管理出版社
　　　　　（北京市海淀区北蜂窝 8 号中雅大厦 A 座 11 层　100038）
网　　址：www.E-mp.com.cn
电　　话：（010）51915602
印　　刷：唐山昊达印刷有限公司
经　　销：新华书店
开　　本：720mm×1000mm/16
印　　张：14.5
字　　数：169 千字
版　　次：2022 年 10 月第 1 版　　2022 年 10 月第 1 次印刷
书　　号：ISBN 978-7-5096-8653-9
定　　价：98.00 元

·版权所有　翻印必究·

凡购本社图书，如有印装错误，由本社发行部负责调换。

联系地址：北京市海淀区北蜂窝 8 号中雅大厦 11 层

电话：（010）68022974　　邮编：100038

CONTENTS 目 录

第一章

绪　论

　　当前，我国已经全面建成小康社会，处于建设社会主义现代化的新阶段，社会主义市场经济体系日趋完善、改革开放进一步深入，在如此时代背景下，发展经济、拉动内外需协同增长，营商环境建设成为从中央到地方各级政府推进全面深化改革和体制机制创新的重要内容。改革的核心在于政府需要加速职能转变，强化政务服务职能，打造服务型政府。在此过程中，政务服务的对象，即市场主体的需求满足程度以及对政府转型升级成果的评估不应被忽视。对于我国政府来说，随时把握社会公共需求的变化，提高政务服务水平，不仅要达到政务服务水平指标体系的要求，更应该弄清市场主体的真正需求，了解市场主体在接受政府服务过程中的满意度，以期作为政府效能评估与下一步工作部署的相关依据。

第一节　研究背景及意义

一、研究背景

　　营商环境就是生产力，良好的营商环境是一个国家或地区经济软实力的重要体现，是提升国家或地区综合竞争力的重要方面。优化营商环境，是党中央、国务院根据新形势新发展新要求作出的重大决策部署，是增强微观主体活力、释放全社会创新创业创造动能的重要举措，是健全政府管理体系、推进国家治理体系和治理能力现代化的重要内容，也是进一步扩大对外开放、发展更高层次开放型经济的重要保障。实践表明，营商环境评估已经成为准确把握营商环境状况、推动营商环境持续改善的重要抓手。

我国应按照国务院部署，借鉴国际经验，加快建立营商环境评估机制。按照国际可比、对标世界银行、中国特色原则，在世界银行营商环境评估的基础上，国家发展改革委牵头，会同有关部门、有关方面，探索构建中国营商环境评估指标体系。主要从衡量企业全生命周期、反映投资吸引力、体现监管与服务三个维度出发，重点围绕与市场主体密切相关的开办企业、办理建筑许可、获得信贷、纳税、办理破产、知识产权保护等高频事项，构建了以市场主体和社会公众满意为导向的中国营商环境评估体系。

2018年9月，习近平总书记在东北三省考察并主持召开深入推进东北振兴座谈会。会上，习近平总书记发表重要讲话，提出了深入推进东北振兴的六个方面重要论述，将"以优化营商环境为基础，全面深化改革"作为首要任务。2019年，国家发展改革委牵头在东北地区21个城市开展了营商环境试评估，通过评估实践，以市场主体和社会公众满意度为导向的中国营商环境评估体系不断健全，形成了更加符合中国实际的评估方法论。2020年，国务院《优化营商环境条例》明确提出，"建立和完善以市场主体和社会公众满意度为导向的营商环境评估体系，发挥营商环境评估对优化营商环境的引领和督促作用"。2021年6月，李克强总理在全国深化"放管服"

改革着力培育和激发市场主体活力电视电话会议上指出，"市场主体是经济社会发展的重要力量，营商环境是市场主体生存发展的土壤"，要继续把市场主体的痛点、难点作为发力点，一体推进"放管服"改革，进一步为市场主体放权赋能。

近年来，东北地区各级政府在优化营商环境方面也出台了一些政策措施，取得了阶段性的成效。辽宁省以优化营商环境为基础，坚决破除制约辽宁振兴发展的体制机制障碍，全力打造办事方便、法治良好、成本竞争力强、生态宜居的营商环境，推动习近平总书记重要讲话精神在辽宁落实落地。《辽宁省优化营商环境条例》于2019年7月30日在辽宁省第十三届人民代表大会常务委员会第十二次会议上通过，于2019年10月1日起施行，为辽宁省营商环境建设提供了法律依据。

辽宁省提出要加快打造"办事方便、法治良好、成本竞争力强、生态宜居"的营商环境。营商环境是一把尺子，反映了一个地区的政治生态和社会生态，检验着政府的行政效能和工作作风。辽宁省政府始终深入贯彻习近平新时代中国特色社会主义思想，把为人民服务的根本宗旨贯穿于工作始终，用心用情用力把群众、企业的事情办成办好，带头以实际行动推动营商环境持续向善向好。瞄准世界标准、国内一流的目标，聚焦四个方面，干出实打实的新业绩，使营商环境得到根本性改善。辽宁省将建设"数字辽宁、智造强省"作为发展目标，在营商环境建设领域，强势推进"一网通办"，办出高效率。加快政务平台整合对接，2021年底前政务服务事项网上可办率达到100%，实办率有较大幅度提高；要积极推动数字经济发展，着力打造数字政府，要及时通报各地进展情况。要力行简政之道，放出便利活力，推动权力"全链条"下放，放出含金量。持续推动简政放权，大幅压减审批时限，全面推进"证照分离"改革，为群众办好事，让群众好办事。要强化公平公正，提高运行质效，加强事中事后监管，管出实效性。加快推行"双随机、一公开"监管，加强审管衔接和"互联网+监管"系统建设，不断培育新增长点。要树立结果导向，强化客户思维，全面优化政务服务，提升服务满意度。落实纾困惠企政策，扩大稳岗就业，切实提高服务水平，加快建设法治政府，持续释放"放管服"改革红利。

吉林省高度重视优化营商环境工作。《吉林省优化营商环境条例》于2019年5月30日吉林省第十三届人民代表大会常务委员会第十一次会议通过，为加快打造市场化、法治化、国际化的营商环境，推动吉林省实现高质量发展打下坚实基础。吉林省人民政府最新出台了《吉林省营商环境优化提升实施方案（2021）》，拟培育市场化、法治化、国际化营商环境，推动落实国家营商环境评估各项指标内容全面优化提升，加快打造"体制顺、机制活、政策好、审批少、手续简、成本低、服务优、办事畅、效率高"的良好营商环境，计划在2021年底前实现企业开办"零成本"；并提出要像爱护生命一样爱护营商环境，像守护健康一样建设营商环境，深化改革、转变作风、综合施策，让各类市场主体发展活力更足更强。

吉林省深入贯彻习近平总书记视察吉林重要讲话及重要指示精神，坚持以营商环境建设为突破口，掀起解放思想、深化改革、转变作风、狠抓落实的热潮，努力完成全年目标，确保"十四五"开好局、起好步，着力在以下四个方面开展工作：一要凝聚共识、率先突破、打造优势，推动贯彻习近平总书记关于营商环境建设重要论述走深、走实、走细，让各类市场主体发展活力更足更强。二要对标先进、精准发力、综合施策，推进吉林营商环境进入全国第一方阵，着力优化市场环境，放宽市场准入，提高审批效率，支持创新创业，服务项目建设；着力优化政务环境，"放"的力度要大，"管"的效果要好，"服"的质量要优，真正向市场放权、给企业松绑、让群众便利；着力优化要素环境，充分保障企业资金、用地、用工、施工等方面需求；着力优化人才环境，更加注重引进人才、用好人才、留住人才；着力优化法治环境，健全完善政策法规，加强知识产权保护，深化法治吉林建设；着力优化开放环境，加大招商引资力度，提高市场开放水平，深化跨境贸易便利化改革，进一步畅通经济循环、补齐开放短板。三要加强领导、夯实责任、形成合力，建立"五级书记抓营商环境"工作机制，以"五化"工作法推进落实，从严监督考核，加强宣传引导，营造营商环境建设浓厚氛围。四要聚焦市场评估、企业感受，建立完善要素服务直达机制，做到领导带头服务，政策主动上门，让企业有感、市场有感、基层有感。对破坏营商环境的行为实行零容忍。要以项目建设检验营商环境改善，加大招商引资力度，保持投资增长的良好势头。

黑龙江省也持续在优化营商环境上下工夫。《黑龙江省优化营商环境条例》于 2019 年 1 月 18 日黑龙江省第十三届人民代表大会第三次会议通过，自 2019 年 3 月 1 日开始实施。黑龙江省对标国际前沿和国内先进水平，从市场主体需求出发，持续打造"办事不求人"的政务服务品牌，以优化营商环境为基础全面深化改革，推动黑龙江省全面、全方位振兴。

黑龙江省重点在以下六个方面推进营商环境建设：一是持续改进工作作风，提振干事创业精气神。进一步强化责任担当、落实"五细"要求、提升干部能力，持续为基层减负，对形式主义、官僚主义新问题、新表现严查严处。深化改革创新，加快打造全面振兴好环境。坚持用改革的办法破难点、通堵点，对标先进做法，不断优化政策环境、法治环境、政务环境和市场环境。二是切实保护和激发市场主体活力，打造振兴发展生力军。全面深化拓展与央企的战略合作，深化地方国企国资改革，大力支持民营企业发展壮大，积极帮助个体工商户解决租金、税费、社保和融资等方面的难题，构建"亲""清"新型政商关系，弘扬企业家精神，营造尊重企业家价值、鼓励企业家创新、发挥企业家作用的浓厚氛围。三是进一步打好纾困惠企政策"组合拳"，落实好各项"免减缓返补"政策，强化对稳企业的金融支持，实施好常态化财政资金直达机制。持续提高投资建设便利度，省直相关部门和各市（地）要梳理公布跨部门跨层级跨行业"办好一件事"清单、信用承诺制事项清单，市县两级要加速推进"一枚印章管审批"。把有效监管作为简政放权的必要保障，加强取消和下放事项监管，对新产业新业态实行包容审慎监管。四是全面提高网上政务服务能力，抓紧完成"上云迁移"工作，有效解决数据共享和业务协同问题。切实提高依法行政能力，深化"双随机、一公开"监管，探索建立柔性执法清单管理制度。五是强化责任落实，为深化"放管服"改革优化营商环境提供坚强保障。进一步强化督查指导，把落实"放管服"改革的各项任务作为督查重点，既要督任务、督进度、督成效，更要查认识、查责任、查作风。六是进一步用好评估体系，聚焦引商、利商、兴商、重商、安商，开展好营商环境评估工作。进一步提高服务能力，强化服务理念、服务思维，提高专业水平，主动上门帮助企业解决实际困难，让企业家切实感受到本省营商环境发生的变化。

从东北三省开展营商环境建设的工作来看，东北地区已经充分认识到当前营商环境建设的关键在于提高市场主体的满意度和获得感，推进的各项措施也重在改善市场主体的感受。因此，为切实解决东北地区营商环境有待提升的问题，东北地区应从市场主体角度出发，建立"以市场主体需要和诉求为导向"的营商环境评估机制，进一步增强市场主体的满意度和获得感。各级政府要着眼于从市场主体最不满意的地方改起，自我加压、对标先进，以更大力度深化"放管服"改革，下决心在优化营商环境方面走在全国前列，为东北地区实现全面振兴、全方位振兴提供重要支撑。当前，东北地区依托中国营商环境评估体系开展营商环境评估，已经迈出了深化"放管服"改革的第一步，但离真正达到让市场主体满意还有一定的距离。因而，如何在中国营商环境评估体系的基础上，结合市场主体的需要和诉求，构建东北地区营商环境评估体系，将营商环境优化向纵深推进，助力东北全面、全方位振兴，是值得研究的重要课题。

二、研究目的及意义

（一）研究目的

2003 年 10 月，中共中央、国务院发布《关于实施东北地区等老工业基地振兴战略的若干意见》，标志着东北振兴战略正式实施。2009 年，国务院又发布《关于进一步实施东北地区等老工业基地振兴战略的若干意见》，加快对老工业基地的调整和改造，鼓励资源型城市转型发展持续产业。东北振兴战略实施以来，东北地区虽然发生了巨大变化，但没有尽快调整产业结构，工业企业设备、技术更新换代较慢，机制和结构矛盾未得到有效缓解，导致企业缺乏竞争力，市场适应能力不强，增大了就业压力，使东北经济再次陷入困境。

党的十八大以来，中央对东北振兴多次作出批示和指示，开启了东北振兴战略的新时期。要解决东北地区遇到的困难和问题，归根结底还是要靠深化改革。实施优化营商环境发展战略是深化改革的重要战略举措之一。2018年，在深入推进东北振兴座谈会上，习近平总书记对于东北振兴也提出了以优化营商环境为首的六项重点任务。

近年来，以贯彻落实党中央、国务院关于实施新一轮东北地区等老工业基地振兴战略的决策部署为契机，以习近平总书记在东北地区考察时和在深入推进东北振兴座谈会上的重要讲话精神为指导，东北地区各级政府主动作为、探索创新，深入推进"放管服"改革，深刻转变政府职能，持续优化营商环境。在不影响各地区、各部门正常工作，不影响市场主体正常生产经营活动，不增加市场主体负担的前提下，重点围绕中国营商环境评价指标，各地区陆续开展营商环境评估工作。因此，本书的主要研究目的有以下两点：

第一，提出以市场主体需求和诉求为导向的东北地区营商环境评估体系，切实提高市场主体的满意度和获得感。指标体系设计既要考虑标准的可比性、客观性，也要考虑东北地区的实际情况；既要关注当前营商环境评估存在的问题，还应关注市场主体真正关心的问题，构建起更加科学、更加全面的评估框架。

第二，提出优化东北地区营商环境、提高市场主体满意度的对策建议。本书基于市场主体对当前东北地区营商环境满意度评价结果、主要问题及关键影响因素的分析，借鉴国内经济发达地区的有益做法与经验，提出改善的对策建议，力争为营商环境评估提供理论支撑。

（二）研究意义

第一，将以人民为中心的新发展理念与营商环境建设相结合。党的十九大报告指出，必须坚持以人民为中心的发展思想，不断促进人的全面发展、全体人民共同富裕。以人民为中心的发展思想是坚持人民主体地位这一根本原则在发展理论上的创造性运用，是对中国特色社会主义建设过程中经济社会发展的根本目的、动力、趋向等问题的科学回答。本书将这一发展理念贯彻到营商环境建设领域中，建设以市场主体满意度为导向的营商环境评估机制，探索如何在营商环境建设中落实以人民为中心的发展理念。

第二，为下一阶段地区营商环境建设指明总体思路和方向。基于多年营商环境评估工作实践，本书对当前的营商环境建设的目的进行了深入思考，所谓营商环境，是指企业等市场主体在市场经济活动中所涉及的体制机制性因素和条件，因此关注点仍然要回到市场主体的需求和满意度上，要以市场主体的需求和满意度为导向推进营商环境建设。同时，对当前东北地区社会心理、文化理念和制度建设之间的关系进行剖析，迫切需要对"民情"进行深入挖掘，发现营商环境建设存在的真正问题。

第三，为营商环境评估提供理论支撑。本书构建了营商环境市场主体满意度多维评价体系，充分考虑各类市场主体的差异，从多角度反映市场主体对东北地区营商环境的主客观感受。在前期对东北地区各市营商环境评估的基础上，充分提取东北地区营商环境发展面临的突出问题，从市场主体需求的角度借鉴国际国内评价指标体系，结合东北地区实际情况，建立东北地区以市场主体满意度为导向的营商环境评价体系，包括总体满意度、专项满意度和部门满意度等多维评价。这将为东北地区营商环境评估提供理论基础，为推动新时代东北全面振兴、全方位振兴擘画蓝图。

第二节　开展营商环境评估的意义

一、优化营商环境对东北全面全方位振兴的意义

从东北经济发展历史来看，东北地区存在产业结构单一、创新创业不足等诸多问题，导致各类企业所处的营商环境不佳，给企业生产经营的外部环境带来了很大的不确定性，增加了企业的制度性交易成本，限制了东北地区整体的生产要素合理的流动和利用。东北振兴需要进行一场持续的、深刻的、彻底的优化营商环境的革命。

第一，优化营商环境有助于促进东北生产要素市场化配置的进程。东北地区在土地和劳动力等生产要素方面具有比较优势，在资金、管理等要素方面处于劣势，通过优化投资环境可以让市场在资源配置方面发挥更大的决定性作用，管好政府这只"看得见的手"，让政府向服务型政府转变，让资源的配置效率更高，减少社会资源的浪费。第二，优化营商环境有助于各类人才进行创新创业。通过优化营商环境为各类人才提供优质的生产和生活环境，为其搭建发展的空间和舞台，为企业的创新发展提供内生驱动力，激发社会各类人才的创业热情。第三，优化营商环境有助于提升各类投资者的信心预期。通过营造优质的营商环境，破除政府僵化的思想意识和官僚主义作风，杜绝与民争利的行为，才能打破投资者的"心理魔

咒"。第四，优化营商环境有助于推进东北地区对外开放的力度。优化营商环境有助于构建法治化营商环境，保证市场主体的合法权益，有助于东北地区企业对外合作，提升自身的经营管理水平。因此，优化营商环境关乎东北全面振兴、全方位振兴的发展全局。

二、以提高市场主体满意度为导向进行评估的必要性

我国部分学者曾指出，市场主体满意度对营商环境评估具有重要意义，但尚未形成系统、科学的市场主体满意度的评估方法和体系。随着我国发展进程的推进与相关研究的不断深入，"市场主体满意度"将成为政府再造的根本取向和终极目标。

建立市场主体满意度的评估方法和体系是我国建设服务型政府的内在需求。随着社会环境的改变和社会观念的进步，"以人为本"成为当今政治和管理领域的主流价值观。以市场主体满意度为导向的政府绩效评估要求从市场主体的角度审视公共服务，强调政府的责任和服务意识，实现以结果为本的控制。"结果为本"要求政府绩效评估摆脱程序、规则和过程的束缚，转而更多关注目标、使命和结果。政府向市场主体做出承诺，政府管理工作将以市场主体为中心，以市场主体需求为导向，倾听市场主体的声音，按照市场主体的要求提供服务。这些承诺内容就是政府以"结果为本"的具体绩效目标，凸显"市场主体至上"的鲜明理念。

市场主体满意度评估体系的构建决定其营商环境总体的发展方向及效果。由市场主体从自身的获得感和满意度出发所形成的评估机制和最终结果，既满足了评估主体的多元性，又满足了评估标准的客观性，提升了市场主体对政府的信任度。虽然大部分民众不具

备专业的知识储备，但因其是政府服务的直观感受者，更能深切体会哪些指标是他们在日常生产生活中最在乎、最关切的。市场主体的表达，并非政府部门所擅长的基于专业知识得出的结论，而是最朴实的需求，这些往往是最容易被忽视的，满足这些需求正是现代政府营商环境建设中应重点关注的方面。

建立科学的市场主体满意度绩效评估机制是满足市场主体需求、构建高效政府的内在要求。在政府绩效评估机制构建中，市场主体的满意度是一个根本性的价值要求，应当贯穿于政府绩效评估的主体、目标、内容、价值标准等每一个环节、每一个方面。也就是说，该原则要求在构建政府绩效评估机制时，应将市场主体满意精神贯穿于绩效评估机制本身，以此为标准选择机制构建的各要素及确定其使用方式。在实践中，表现为政府以"市场主体至上"为理念，采用主观绩效评估方法，重视市场主体对政府绩效的评估，关注市场主体的反应，将市场主体接受服务的满意度作为政府绩效评估的基本标准。借此，使政府更多地倾听市场主体的呼声与诉求，鼓励市场主体参与，为我国公共部门改善服务质量提供科学依据。

三、市场主体参与营商环境建设的价值

市场主体的获得感是良好营商环境的检验标尺，营商环境如何，市场主体最有发言权。这里的市场主体包括投资者、经营者、劳动者以及消费者。在社会主义市场经济体系中，市场与政府各有分工，市场是社会资源的主要配置者，市场主体成为市场经济最主要、最适当的主体，处于经济社会的中心，作为社会经济的分散决策主体，市场主体是社会经济发展的根本动力。但要明确的是，以市场主体为本位并不是不要政府，而是要求政府干预减少到最适当的限度，

并且恰当地依法进行。当前，中国正推动完善现代市场经济体系，最根本的是要处理好政府和市场的关系。市场在资源配置中起决定性作用，要在充分利用市场的基础上，更好地发挥政府作用。因此，市场主体作为政府服务和营商环境影响的"直接对象"，才是营商环境的最佳评估者。

第一，市场主体参与到营商环境评估中可以推进政府治理体系与治理能力的创新。在市场经济条件下，生产要素的流动去向主要取决于营商环境的优劣。根据"马太效应"理论，资金、技术、人才等生产要素流入哪里，在哪里产生聚集，哪里的经济发展的动力就强，经济发展的成效就好，营商环境评估就高。同样地，哪个地方营商环境较为优质，就能吸引更多的资本、技术、人才来此发展。因此，市场主体对当地营商环境的满意度评估可以反映当地营商活动亟待解决的尖锐问题，有助于政府在原有政策上进行优化，推陈出新，有针对性地出台服务市场主体的改革措施，加速政府治理体系治理能力的创新。在这个过程中，能够更新政府各级公务人员的观念，推动思想和职能的双重转变，规范办事行为，优化各项行政措施。

第二，市场主体参与到营商环境评估中可以加快市场化改革，激发各类市场主体活力。优化营商环境重在疏堵点、解难点，要切实从企业反映最强烈的问题改起，把优化营商环境要求落实到具体行动中，增强市场主体获得感。加大优化营商环境顶层设计力度，特别是持续推进"放管服"改革，打出简政放权、审慎监管、减税降费的系列组合拳，"放"出活力创造力，"管"出公平质量，"服"出便利实惠。我国的营商环境大幅改善，赢得了市场主体的广泛认同。培育市场主体，就是营商环境释放的发展潜能，这是中国经济行稳致远的有力支撑，也是 2020 年中国成为全球唯一经济正增长主要经济体的关键动力。

第三，市场主体参与到营商环境评估中可以切实维护自身利益。一方面，基于全球视野，营商环境建设的成效已经成为全球竞争的一部分，简政放权和减税降费对经济的紧迫性和重要性已经越来越明了，因此各国、各级政府正在加大营商环境建设的力度，加速从管理型政府向服务型政府转变，将市场主体要求提到了前所未有的高度，市场主体满意度测量成为不可缺少的一部分。另一方面，民众的权利意识增强，要求直接参与公共服务的供给过程，维护合法权益，要求通过各种渠道积极参与，监督与评估政府部门的活动。市场主体参与到营商环境的评估过程中，不仅符合建设服务型、法治化政府的要求，也满足民主建设进程中市场主体参与公共服务供给过程的愿望，对加快我国社会主义民主政治进程，建设和谐社会具有重要意义。

第三节　理论基础与文献综述

一、理论基础

（一）新公共服务理论

新公共服务理论是对新公共管理理论的补充和完善，该理论由丹哈特夫妇首先提出，其核心是重视民主、公民权和公共利益服务。新公共服务认为与政府互动的应该是公民；对于公共部门的质量，公民期望的地方政府应该满足便利、保障、可靠性、个人关注、解决问题的途径、公正、财政责任、公民影响等标准。

新公共服务理论具有如下特性：一是政府与公民是服务和保护关系，而不是统治关系；二是公共服务必须充分调动政府和所有公民的积极性；三是政府和公民相辅相成的关系，政府服务公民，公民需求推动政府职能转变；四是新公共服务注重人的管理。新公共服务理论有诸多创新之处，高度重视公民权和公共利益，提出了适合现代公民社会发展的新理论，也提供了一种新的政府管理模式，对于指导公共服务的实践具有重要意义（张小明，2005）。

第一，强调尊重公民权利。新公共服务理论将公民置于首位，强调对公民的服务，并将权利授予公民。新公共服务理论家们相信公共组织如果能在尊重公民的基础上通过合作和分享的过程来运行，就一定能获得成功，所以提出政府必须真正了解公民在关心什么，必须对他们的需要和利益做出回应（王雅宁，2018）。

第二，呼吁维护公共利益。新公共服务理论的核心价值理念是追求公共利益，公共利益是一种共同的事业，源于公众对共同价值准则的对话协商，关键是所有的公民能够参与其中，只有参与其中，公民对公共利益的关注程度才会超过对自身利益的关注，当他们能够根据公共利益去行动时，社会的广泛利益才能统一起来，最终惠及每个人的利益。

第三，重新定位政府角色。新公共服务理论批判新公共管理将政府的职责放在"划桨"或"掌舵"上，它看到当今政府不再仅仅是处于控制地位的掌舵者，同时也是重要的参与者，它认为公共管理的本质是服务，政府或公务员的首要任务是帮助公民明确表达并实现他们的公共利益，而不是去控制或驾驭社会，即主张努力构建一个具有完整性和回应性的公共机构。

2006 年以来，中国提出了服务型政府的概念。服务型政府是基于以人为本、社会共同治理的理念指导，根据相关法律法规和政策规范，以公民意志为导向，以为人民服务为宗旨构建起来的具有服务责任和义务的政府。服务型政府的本质属性是从公民普遍的共同利益与整体社会发展出发，所形成的一种新型的现代政府治理模式，其合法性条件在于，公众将部分权力委托给政府部门，要求政府必须在法定程序与框架内履行，并遵照依法行政的准则，开展各项政务服务事项，并接受社会和公众监督（贾晓强，2017）。

服务型政府把为人民服务放在首位。根据服务型政府理论，服务是服务型政府的宗旨，这也说明了政府和人民群众间的关系应不断地向服务供给方和服务需求方的关系转变（朱仁显，2017）。相应地，政府行使权力的目的也不只是单纯的管制，更体现在为社会公众提供更加高效和优质的服务方面，这与本书研究的以市场主体满意度为导向的营商环境评估不谋而合，根据营商环境的概念，主要是针对政府服务的评估，需要以政府服务的成效以及社会公众对政府回应的满意度来进行评价，而服务型政府为人民服务的宗旨正是营商环境建设的重要内容，也是推进营商环境建设的基础。传统的"强政府，弱社会"的治理模式显然已经难以满足时代发展的需求，对于政府部门负责人而言，只有积极转变治理观念，加快服务型政府方向的转变，才能够营造良好的营商环境氛围。

（二）期望理论

1. 卡诺模型

1984 年，日本质量管理专家狩野纪昭（Noriaki Kano）受到赫茨伯格双因素理论的启发，提出了二元质量认知的概念，即要综合考虑产品的物理状态和顾客的感受。基于此，他提出著名的卡诺模型（见图1-1）。狩野纪昭认为质量有三个层次的含义，每个层次满足顾客不同的期望。质量的第一层次被定义为满足顾客的共同基本期望（符合标准）；第二层次是指满足顾客明示的期望（顾客满意）；第三层次是满足顾客的潜在期望（顾客惊喜）。

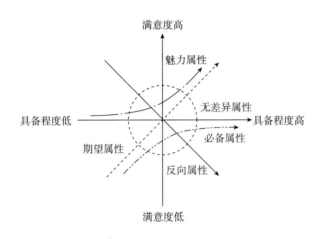

图1-1 卡诺模型

资料来源：狩野纪昭，梁红霞，田彤坤. 质量进化：可持续增长之路［J］. 中国质量，2012（10）：14-18.

顾客的共同基本期望是指顾客认为服务组织至少应该提供的服务功能，也可以称为理所当然的服务质量特性，又称必备属性。顾客不会因为服务组织提供了这些服务功能就感到满意，但若服务组织未提供这些服务，则顾客会感觉不满意。

顾客的明示期望是指顾客根据自身的品位和需求对产品质量提出的要求，又称期望属性，此类期望得到满足，顾客会感到满意。

服务组织提供服务水平满足顾客明示期望的程度越高，顾客的满意度也就越高。

顾客的潜在期望是指顾客在接受某项服务时并未想到，但是服务组织提供的服务达到意想不到的效果，顾客获得了额外的满足，又称为魅力属性。如果服务组织没用提供满足这类期望的服务，顾客不会感到不满意；但一旦提供了满足顾客这类期望的服务，顾客往往会格外满意，甚至喜形于色。

除此之外，狩野纪昭还提出了质量管理的无差异属性和反向属性的概念。总体来看，卡诺模型指出了顾客满意度与产品或服务的绩效之间有非线性关系。这样，对于不同的质量要素，就可以通过其变化曲线着手研究提升满意度。

同样，对于营商环境的市场主体满意度研究应该做到满足基本期望，重点关注超值满足期望，这类期望往往是通过市场主体在办理过或接受过相关的政务服务的过程后进行反馈才能够发现的，也就是市场主体满意度评价。一旦市场主体的潜在期望得到满足，哪怕只是多提供了一点使市场主体意想不到的服务，就会导致市场主体的满意度显著提升。

2. "期望不一致"模型

"期望不一致"模型是一种因果关系的顾客满意模型，它是按照各因素发生的先后顺序，建立起因因素（变量）与结果因素（变量）之间关系的模型。模型对顾客满意的心理形成过程做出解释：顾客在购买之前先根据过去经历、广告宣传等途径形成对产品或服务的期望，然后在随后的购买和使用中感受产品和服务的绩效水平，最后将感受到的产品或服务绩效与期望进行比较判断。当感知绩效符合顾客期望时，顾客没有满意或不满意的感受；当感知绩效超过顾客期望时，顾客会感到满意；当感知绩效低于顾客期望时，顾客则感到不满意。

图1-2中的期望是顾客对所将获得的产品利益（绩效）的预期，在购买前的某个时间t，顾客做出了购买某产品或服务的决策，这一决策始于顾客期望，期望进一步形成态度以及促使购买发生的意图。在顾客购买后的某个时间t+1，顾客使用了产品或服务并由此形成对实际经验（即绩效）的感知，这种感知与期望之间存在差距，即不一致。当绩效好于期望时，不一致为正，顾客会感到满意；当绩效不及期望时，不一致为负，顾客会感到不满意；绩效与期望不相上下时，不一致为零，顾客没有满意或不满意的感受。

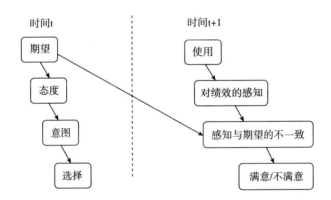

图1-2 期望模型的形成过程

资料来源：李作战. 从期望模型中的信息失真探究影响顾客满意的因素 [J]. 企业经济，2002（8）：17-18.

（三）满意度理论

顾客满意度（Customer Satisfaction Degree）最早萌芽于20世纪

初的消费心理学研究，美国学者 Cardozo 于 1965 年将顾客满意的观点引入营销领域，迅速得到了广泛应用。20 世纪 80 年代中后期，西方发达国家掀起"顾客导向"的新公共管理浪潮，其核心思想是让政府确立"顾客导向"的理念，以企业需求作为出发点，提供给企业所需要的各项服务，满足企业的正常生产经营，并且增加与企业间的黏合度，推动企业的持续发展，助推各地区经济和社会的发展。随着顾客导向理论的发展，学术界又提出了顾客满意度理论，并且将两者共同应用于政府的公共管理之中，即基于政府公共管理的顾客导向理论。该理论将政府视为一家企业，市场主体被视为政府的"顾客"，政府部门就是要提升自身的服务意识与服务水平，满足市场主体和社会公众的各方面需求并提供相应服务，从而使市场主体和社会公众对政府公共管理服务的满意度得以提升（冯曦阳，2020）。

营商环境满意度概念来源于顾客满意度理论，是一些学者将顾客满意度的核心沿用于公共管理的领域，使政府公共管理效率与水平得以提升。因此，营商环境满意度是指市场主体企业和公众在体验政府各项职能部门服务后的主观感受和其预期感受之间的差距，即市场主体对政府提供产品或服务的预期期望值和公众实际感知到的水平之间比较的结果。因此，在本书中重视市场主体导向，以追求市场主体满意为目标，构建营商环境市场主体满意度评估体系。将顾客满意度理论应用于营商环境领域可以协助研究者找出影响营商环境中的市场主体满意度的核心因素，以及市场主体的行为特点、潜在的营商需求；有利于用有限的资源最大限度地提高营商环境中的市场主体的经济利益；有利于尽可能充分地整合当地营商环境资源，建立合理的营商环境标准（李红玉，2006）。

1. 瑞典 SCSB 模型

瑞典 SCSB（Sweden Customer Satisfaction Barometer）模型是最早建立的全国性顾客满意度指数模式。它提出了顾客满意弹性的概念。它以产品或服务的消费过程为研究视角，从逻辑上解释顾客对于产品或服务的满意度，进而根据顾客满意度形成的逻辑关系，去建立顾客满意度评价的指标体系，从而实现对顾客满意度的科学解释。

如图 1-3 所示，在瑞典 SCSB 模型中，顾客满意处于核心位置。顾客之所以能够形成满意或不满意，是缘于两个前导变量之间的比较。这两个前导变量分别是：顾客对所消费产品或服务的预期，也就是顾客期望；顾客消费产品或服务后的体会，也就是感知绩效。通过感知绩效和顾客期望之间的比较，顾客会出现两种满意度的评价结果：满意→顾客忠诚；不满意→顾客抱怨。顾客抱怨会反馈给产品或服务的提供者，使他们对现有产品或服务进行改善，推动顾客从不满意向满意转化，从最初抱怨变为忠诚。

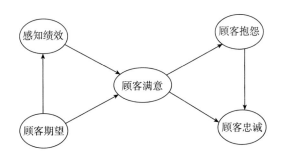

图 1-3　瑞典 SCSB 模型

2. 美国 ACSI 模型

美国 ACSI（American Customer Satisfaction Index）模型是 Fornell

等在瑞典 SCSB 模型的基础上创建的顾客满意度指数模型。ACSI 模型由国家整体满意度指数、部门满意度指数、行业满意度指数和企业满意度指数四个层次构成，是目前体系最完整、效果最好的顾客满意度理论模型。如图 1-4 所示，该模型认为，顾客满意程度是由顾客对服务质量的期望、对质量的感知及价值感知共同决定的，顾客满意度与顾客在产品或服务购买前的期望及产品或服务购买中、购买后的感受有关，且顾客满意程度的高低可能导致两种结果：顾客忠诚和顾客抱怨（王志兴，2009）。

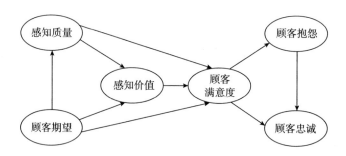

图 1-4　美国 ACSI 模型

资料来源：仲伟仁，席菱聆，武瑞娟. 基于 ACSI 模型的网络购物满意度影响因素实证研究［J］. 软科学，2014，28（2）：100-105.

（1）顾客期望是指顾客在购买和使用某种产品或服务之前对其质量的估计。决定顾客期望的观察变量有三个：产品顾客化（产品符合个人特定需求）期望、产品可靠性期望和对产品质量的总体期望。

（2）感知质量是指顾客在使用产品或服务后对其质量的实际感受，包括对产品顾客化即符合个人特定需求程度的感受、对产品可靠性的感受和对产品质量总体的感受。

（3）感知价值体现了顾客在综合产品或服务的质量和价格后对他们所得利益的主观感受。决定感知价值的观察变量有两个，即"给定价格条件下对质量的感受"和"给定质量条件下对价格的感受"。顾客在给定价格下对质量的感受，是指顾客以得到某种产品或服务所支付的价格为基准，通过评价该产品或服务质量的高低来判断其感知价值。

（4）顾客满意度这个结构变量是通过计量经济学变换最终得到的顾客满意度指数。ACSI 模型在构造顾客满意度时选择了三个观察变量，分别为实际感受同预期质量的差距、实际感受同理想产品的差距和总体满意程度。顾客满意度主要取决于顾客实际感受同预期质量的比较。同时，顾客的实际感受同顾客心目中理想产品的比较也影响顾客满意度，差距越小顾客满意度水平就越高。

（5）顾客抱怨决定这个结构变量的观察变量只有一个，即顾客的正式或非正式抱怨。通过统计顾客正式或非正式抱怨的次数可以得到顾客抱怨这一结构变量的数值。

（6）顾客忠诚是模型中最终的因变量。它有两个观察变量，分别为顾客重复购买的可能性和对价格变化的承受力，顾客如果对某产品或服务感到满意，就会产生一定程度的忠诚，表现为对该产品或服务的重复购买或向其他顾客推荐。

（四）服务质量理论

服务质量（Quality of Service）理论认为，服务质量是一种衡量企业服务水平能否满足顾客期望程度的工具。在 20 世纪 70 年代中期以前，人们往往从内部效率的角度将其内涵界定为服务结果应符合规范，1970 年以来国外服务业全面解禁，进而逐步形成衡量服务质量的模型。Gronroos 首先提出顾客感知服务质量的概念，他认为服务质量是一个主观范畴，它取决于顾客对服务质量的期望（即期望服务质量）同其实际感知的服务水平（即体验的服务质量）的对比，强调管理者应该从顾客角度来理解服务质量的构成才可以使顾客满意。Carman 提出只用消费者在接受服务时所感受的服务水平来决定服务质量。Vogels 认为应通过探讨顾客对服务质量的期望水平来了解他们对服务质量的真实看法。

政务服务质量可以定义为公众每次接受政府服务时，该服务能够满足公众期望及需求的程度（张成福等，2015）。政务服务质量以质量为基准可以划分为服务交易与输送结果的微观质量，服务效能的中观质量，以平等、公平为核心的公共价值宏观质量（Rieper，1998）。开展基本政务服务质量监测有利于把握好群众急切关注的基本政务服务项目；有利于将公共资源精准投放至急需领域；有利于实现好基本政务服务领域的共治共享。对基本政务服务质量的监测是关乎人民获得感、幸福感、安全感提升的重大工程，是保证服务高质量供给的重要依据（张启春，2020）。

从理论发展角度看，国内外服务质量评估理论的研究仍然在不断地探索和发展，服务质量理论在实证研究中大量运用，形成了许多有代表性的服务质量模型，主要包括顾客感知服务质量模型、PZB 服务质量差距模型等。

1. 顾客感知服务质量模型

1982 年，瑞典著名服务市场营销学专家克·格鲁诺斯提出"顾客感知服务质量模型"，认为顾客对服务质量的评价过程实际上就是将其在接受服务过程中的实际感觉与其接受服务之前的心理预期进行比较的结果：如果实际感受满足了顾客期望，那么顾客感知质量就是上乘的；如果顾客期望未能实现，即使实际质量以客观的标准衡量是不错的，顾客可感知质量仍然是不好的。

该模型认为服务质量是一个主观范畴，取决于顾客期望的服务水平和实际感受到的服务水平的对比。模型将服务质量分为技术质量和功能质量两类，提出了作为过程的服务和作为结果的服务：前者指顾客如何得到这种服务，后者是顾客实际得到的服务。模型认为服务质量是一种衡量企业服务水平能否满足顾客期望程度的工具（见图 1-5）。

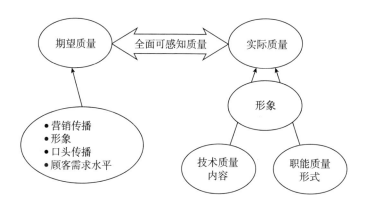

图 1-5　顾客感知服务质量模型

资料来源：克里斯蒂·格鲁诺斯. 服务市场营销管理 ［M］. 上海：复旦大学出版社，1998.

2. PZB 服务质量差距模型

20 世纪 80 年代末，美国市场营销学家 Parasuraman、Zeithaml 和 Berry 提出了一个顾客感知服务质量模型，称为"PZB 差距模型"（见图 1-6）。

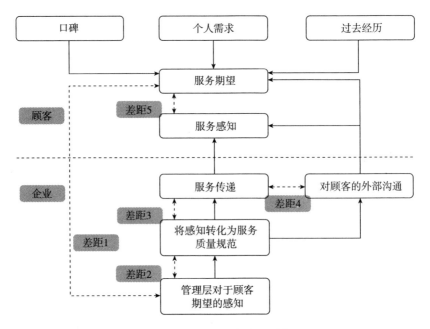

图 1-6 PZB 服务质量差距模型

资料来源：杨秀龙，崔立新. 中国服务理论体系［M］. 北京：北京理工大学出版社，2017.

服务质量差距模型的主要思想体现在以下三个方面（Parasuraman，1985）：

第一，该模型说明了服务质量是如何形成的。期望的服务是消费者过去的经历、个人需求及"口碑"共同作用的结果。第二，所经历的服务又称为"可感知的服务"，是服务提供者一系列内部决策和活动的产物。消费者所经历的服务传送和生产过程被称为与过程相关的质量因素。第三，这个基本模型说明了当分析和设计服务质量时需要考虑哪些步骤，并可以探明产生质量问题的可能根源。

图 1-6 的模型显示，在服务涉及和提供的过程中，不同阶段产生的五种质量差距，是由质量管理过程中的偏差造成的，具体分析

如下（韩经纶，2006）：差距 1 是顾客期望与管理者对这些期望的感知之间的差距，导致这一差距的原因是管理者对顾客如何形成他们的期望缺乏了解；差距 2 是指管理者没有将顾客的期望转化为现实可行、令顾客满意的服务标准，这可能是由于管理者尚未真正理解顾客的期望；差距 3 为服务绩效差距，是服务在提供或传递过程中未达到质量标准的程度，导致这一差距的原因较为复杂，如质量标准过高、人员素质较差等；差距 4 是市场营销传播的差距，是市场营销传播行为中所许诺的与实际提供的服务不一致的程度；差距 5 是感知服务质量差距，即期望的服务与所经历的服务之间的差距，它受其他四个差距的影响，是服务过程中出现的其他差距共向作用的结果。

图 1-7 以 PZB 服务质量差距模型为理论核心，还发展出了基于顾客的服务质量 SERVQUAL 评价方法，它是一种多变的顾客感知服务质量评价方法（Parasuraman，1988）。它对顾客感知服务质量的评价建立在顾客期望服务质量和顾客接受服务后对服务质量感知的基础上。在研究过程中，Parasuraman、Zeithaml 和 Berry 提出了服务质量五维度观点，分别为可靠性、响应性、保证性、有形性和移情性，并根据这五个维度设计了相关的 22 个问项调查问卷法，通过问卷调查、顾客打分和综合计算得出服务质量分数。

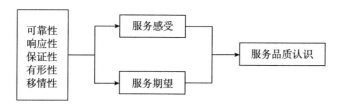

图 1-7　SERVQUAL 服务质量评估模型

资料来源：杨秀龙，崔立新．中国服务理论体系［M］．北京：北京理工大学出版社，2017.

SERVQUAL 评价方法完全建立在顾客感知的基础上，以顾客的主观意识为衡量的重点。首先度量顾客对服务的期望，然后度量顾客对服务的感知，由此计算它们之间的差距，并将其作为判断服务质量水平的依据。同理，对于以市场主体满意度为导向的营商环境评估，应以市场主体的获得感和满意度作为评估标准，通过市场主体的意见和建议，缩小服务质量差距，建设良好的营商环境。

（五）交易成本理论

交易成本理论是用比较制度分析方法研究经济组织的理论，最早是由英国经济学家罗纳德·科斯（Ronald Coase）在 1937 年提出的。交易成本的定义为利用市场价格机制协调经济活动的成本，是获得准确的市场信息所需要付出的费用。

交易成本泛指为促成某种交易发生而形成的成本，即不同的交易往往会涉及不同类型的交易成本，在本书中，交易成本指政府与市场主体之间的交易费用。交易成本理论体现在对降低政治运行成本、提高区域成本竞争力、改善营商环境实质问题等方面的影响，并且在交易成本的研究方向上，定性研究和定量研究相结合的趋势越来越明显，在制度的研究和实践中也具有较强的解释力（谢秋山，2021）。世界银行对营商环境的评估也是以降低制度性交易成本为主线，从企业经营的时间、程序、成本和制度保障来进行衡量的。市场主体形成合作联盟时可以更好地达到节约交易成本的目的，联盟合作是交易成本理论下企业降低交易成本的一种方式，企业可以在低于市场交易成本的条件下与外部资源建立联系，即当营商环境可以为市场主体构成合作联盟提供平台或政策支持时，企业将节省更多的时间搜索与信息搜寻成本。

由于人性因素和交易环境因素的交互影响，市场失灵将会导致交易困难，从而产生交易成本。可以将交易成本的来源划分为以下六种原因：一是有限理性，参与交易的人由于身心、智能、情绪等限制，在追求效益极大化时所产生的限制约束；二是投机主义，参与交易的各方为了寻求自我利益而采取的欺诈手法导致增加了彼此的不信任和怀疑，从而导致交易过程监督成本增加而降低经济效率；三是不确定性与复杂性，由于环境因素中充满不可预期性和各种变化，交易双方将未来不确定性和复杂性纳入契约，使交易过程增加了议价成本，并且使交易难度上升；四是少数交易，某些交易过程过于具有专属性或异质性信息与资源无法流通，使交易对象减少及造成市场被少数人把持，导致市场失灵；五是信息不对称，因为环境不确定性和自利行为产生的机会主义，交易双方往往握有不同程度的信息，使市场先占者拥有较多信息而获益，形成少数交易；六是气氛，指交易双方互不信任并处于对立立场，无法营造令人满意的交易关系使交易过程过于重视形式，徒增交易成本。

有效降低制度性交易成本不仅是做好实体经济降成本工作的重要抓手，也是深化供给侧结构性改革的重要举措，打造低交易成本营商环境需要进一步加大"放管服"改革力度，不断强化营商环境的制度化建设，需要真正把制度性交易成本降下来，同时巩固好此前降成本的一系列成果（王琳，2021）。因此，降低制度性交易成本，是政府优化营商环境的主动之举，也是顺应大势的积极之举，确保制度性交易成本只降不升，是打造一流营商环境的关键所在，要想打造好发展软环境，营造良好的营商环境，必须推动降低制度性交易成本。

二、文献综述

（一）基于市场主体满意度的营商环境评估指标体系研究

《优化营商环境条例》指出，国家建立和完善以市场主体和社会公众满意度为导向的营商环境评估体系，发挥营商环境评估对优化营商环境的引领和督促作用。各地区、各部门要坚持目标导向、问题导向、结果导向，构建地区营商环境评估指标体系，全力把各项工作做实、做深、做透、做到位，全面优化提升营商环境，不断提高市场主体和人民群众获得感、满意度。

不同研究学者对营商环境的评估体系的构建提出了不同的观点，但均提出要关注企业需求和企业获得感，这对本书研究具有一定参考价值。刘刚（2018）认为地区营商环境评估应从企业的需求角度入手，他以上海自由贸易试验区（以下简称上海自贸区）为例建立了其营商环境的指标体系。赵海怡（2020）表示我国营商环境地方制度供给与企业运营需求存在差距，提出地方营商制度环境的评估标准应该是围绕企业关心的问题是否有明确、公开、全面、稳定的制度规定，并据此构建了中国地方营商制度环境评估指标体系。朱错治（2020）通过评估和研究发现，公众满意度与政府在"放管服"三个方面的客观绩效呈显著正相关，公众满意度受到政府公开、便利、效率、效果、创新的正向影响，其中创新和公开的影响更为明显，提出政府要继续坚持服务型政府的构建，坚持以创新驱动改革。包翼通过借鉴现有的国际和国内关于营商环境的评估体系，建立了基于市场利益相关者获得感的营商评估指标体系，该体系包括市场利益相关者的经济获得感、法律获得感、政治获得感、社会获得感和生态文明获得感五个一级指标（包翼，2020）。

上述研究考虑到不同地区的差异性，在不同的发展水平、不同的区域经济社会环境下，影响营商环境的因素也存在一定差异，因而营商环境的评估侧重应该有所不同。因此，本书要在借鉴中国特色营商环境评估指标的基础上，针对东北地区建立以市场主体满意度为导向的营商环境评估机制。

（二）基于市场主体满意度的营商环境专项评估指标研究

中国营商环境评估指标体系涵盖 18 个一级指标，其中 12 个一级指标采用世界银行营商环境评估指标，包括开办企业、办理建筑许可、获得电力、登记财产、纳税、办理破产、保护中小投资者、执行合同、获得信贷、跨境贸易、劳动力市场监管和政府采购，6 个一级指标系中国特色评估营商环境评估指标，包括获得用水用气、招标投标、政务服务、知识产权创造保护和运用、市场监管及包容普惠创新。

从开办企业满意度视角进行研究和分析，卢燕认为营商环境和企业开办便利度改革是否取得成效，政府部门和有关单位自己说了不算，企业群众办事体验是否快捷便利、对过程结果是否点赞满意，是衡量的最高标准，也是唯一标准（卢燕，2019）。

从"获得电力"用户满意度评估出发，谭瑾等（2021）基于"获得电力"满意度调查结果构建用电满意度多元回归模型，发现供电企业在提供电力方面存在薄弱环节，相关主体应根据实际情况找出整改措施和提升方案，不断探索提升"获得电力"用户满意度的管理举措，以此不断提升用户用电满意度，进而优化"获得电力"营商环境。

从税收营商环境和纳税人满意度出发，黄云涛（2020）认为税收营商环境和纳税人满意度是社会各界及纳税人检验税务机关税收服务能力的两个"风向标"，也是税务机关是否真正以纳税人为中心、以需求为导向、以问题为抓手开展各项工作的"试金石"，其结果对开展税收工作、发现并改进薄弱环节有着重要的指导意义。

从获得信贷用户满意度出发，钱丽梅认为目前国内各省（自治区、直辖市）开展营商环境评估尚无一个统一的模式，大多数地区仍借鉴或采用世界银行评估模式，很难与我国实际国情兼容，也很难体现一个地区市场主体的实际满意度。对此，钱丽梅（2020）提出第三方评估机构在实际运用中应当适应国内外差异，将"获得信贷"指标对照世界银行指标进行调整，使其更全面、客观地反映一个地区的企业融资存在的问题，从而更加准确有效地发挥"获得信贷"指标的作用。

综合上述关于营商环境评估专项指标的研究可见，各个学者对于营商环境的专项指标进行了深入研究。不同于完全执行世界银行《营商环境报告》中所载的评估标准，上述研究从中国实际情况出发，始终着眼于市场主体的主观感受，以市场主体为中心开展优化营商环境工作，对本书研究具有启发作用。因此，本书以世界银行营商环境评估指标为基础，结合市场主体需求，调整专项指标评级内容，建立以市场主体满意度为导向的东北地区营商环境专项评估体系。

（三）基于市场主体满意度的营商环境建设部门研究

优化营商环境是政府职能转变的一次重大改革。近年来，在全国范围优化营商环境的背景下，各地方政府进一步深化"放管服"

改革，推进政府职能部门改进工作方法、转变工作作风、提升服务水平、提高办事效率，建立与市场经济体制相适应的行政管理体制，共同构建"亲""清"新型政商关系。

对于基层税务部门，董晓瞳（2020）通过对国内外现有理论进行研究，并结合基层纳税人需求调查，总结基层税务部门纳税服务工作中存在的问题及原因，并提出相关对策建议，注重满足纳税人需求，提高纳税服务质量，优化基层纳税服务。

对于立法机关，赵公寅（2020）提出目前在我国的法律法规方面，已经颁布了《中华人民共和国中小企业促进法》《中华人民共和国劳动合同法》及《中华人民共和国知识产权法》等一系列支持和维护企业生产经营的法律法规，但这些政策法规对优化营商环境而言只能起辅助作用，立法机关应当提出更加具体化和具有操作性的法律法规及相关政策，出台有关风险防范以及防止恶性竞争等方面的政策法规，从而加强对企业生产经营活动的管理，规范企业的行为，促进企业的合理发展。

对于司法机关，谢红星（2019）指出，营造法治化营商环境，司法同样不能缺位。司法机关应当积极主动为企业家健康成长、创新创业提供优质的司法服务和有力的司法保障。司法机关依法公正处理涉企案件，保护企业和企业家的合法权益，努力让企业家感受到公平正义，充分体验产权受保护、债权能追讨、市场公平竞争、创新有回报的法治环境，对优化营商环境具有重要意义。

在对中华全国工商业联合会的作用进行分析的基础上，于欣欣（2020）提出以需求为导向的服务理念，创新服务举措，重点放在引导、服务民营企业。同时，要积极整合政府、社会、中介机构、企业等优势资源，探索建立适应市场经济要求的服务载体和机制。在新形势下面对企业诉求趋向多元化，关注企业普遍需求的同时，也要重视单个企业的个性化服务。

在上述关于营商环境政府职能部门的研究中，学者对不同政府的职能部门如何行政以构建优质营商环境提出了相应的观点，强调各职能部门要齐发力、重协调，各司其职，相互配合，在政策拟定与实际施行过程中，要依据不同市场主体的需求进行调整，量体裁衣、对症下药。这对本书的编写具有启发与借鉴意义，与本书以市场主体满意度为导向建立营商环境评估机制的立意相契合。

第二章

市场主体营商环境满意度
多维评估体系的构建与实施

优化营商环境的关键在于供需的匹配，即作为供给方的政府在优化营商环境上的所作所为，是否契合作为需求方的市场主体的真正需求，也就是说，政府对市场主体在经营过程中所面临的堵点、痛点、难点问题能否有效把握，并致力于帮助市场主体打通堵点，克服难点，消除痛点，为其创造市场主体真正需求的营商环境。但目前以市场主体为导向的营商环境建设还处于初级阶段，供需脱节成为制约营造良好营商环境的最大"短板"，由此引发的不系统、不持续、不充分、不落地问题普遍存在，亟待建立一套以市场主体需求为导向的营商环境评估方法论，以服务政府优化营商环境与企业需求之间的供需匹配，提高市场主体满意度。由此可见，构建一套科学、合理的市场主体营商环境满意度评估体系具有重要的意义。

第一节　市场主体营商环境满意度多维评估体系的构建原则

一、系统性原则

营商环境的优化是一项系统工程，涉及影响企业经营活动各个方面的环境建设。企业需求呈现多样性、多层次的特点，且随着生命周期的发展而不断变化。企业之所以选择在某一地区投资或经营，并非基于某一时间段对某一特定需求的满足，而是对当地营商环境进行综合评估并确定其具备吸引力的结果；而决定放弃在某一地区进行投资或经营，很大程度上是由于当地的营商环境出现了一块或几块突出的"短板"，从而大幅度降低了企业对其的综合评估。这类"短板"不仅表现为同一时期营商环境不同维度的失衡，如注重税收优惠政策的推行，却忽视行政办事效率的改善；也表现为同一维度的营商环境在企业不同发展阶段的失衡，如重视企业开办的便利性，却忽视企业破产程序的优化等现象。因此，奉行系统性原则，必须把握全局观念，做到系统施政，注重营商环境全方位、全流程的系统优化，致力于满足企业对基础设施建设等硬环境和政府服务、开放性经济、法律制度等软环境的多方面需求，补齐"短板"，从整体上提升优化营商环境对企业的吸引力。

二、持续性原则

营商环境必须是稳定、公平、透明、可预期的。然而，在一些地方，政策经常变动，降低了企业对政策落实的信任度。另外，我国政府周期性的换届和官员的人事变动，使不同任期政府的经济增长目标和宏观调控的具体手段都有所不同，从而对经济周期产生了影响。对于企业而言，政策持续性是稳定的、可预期的营商环境的保障，而当面临政策不持续时，将会极大降低企业在该地区投资、经营的可能性。如果企业面临的政策环境不断变化，企业就需要不断调整经营策略，在特定情况下甚至会选择退出该地区，从而蒙受巨大损失。因此，坚持持续性原则，提升政策可预期性，必须在政策供给层面做到新规与旧规对接，在政策落实层面做到新账与旧账相符，合理过渡，避免应急性、临时性政策的频繁出台。

三、充分性原则

优化营商环境是一项全国各地乃至全球不同国家和地区的政府都在为之努力的重大工程，企业所感知到的优化营商环境成效事实上来源于不同国家、不同地区之间的对比。根据粤港澳大湾区研究院发布的《2018 年中国城市营商环境评估》，深圳、上海、广州、北京的营商环境指数位居前四，对企业的吸引力远远超过国内其他城市。在各地营商环境发展不平衡的现状下，各级政府唯有做到"更优"，才能吸引和留住企业投资。总体而言，尽管各地政府多措并举，着力在优化营商环境方面争先创优，但在政策推行过程中仍存在一些问题，具体表现为：对"物"关注多，对"人"关注少；对消除负面影响关注多，对促进正面影响关注少；对共性层面关注多，对个性层面关注少；对单一企业关注多，对商业生态系统关注少。目前，针对优化营商环境的大多举措仅仅是对于企业基本需求的回应，而对于如何在竞争激烈的优化营商环境争夺战中彰显自身的独有魅力尚且关注不足。借鉴赫茨伯格的双因素理论，企业基本需求是优化营商环境的保健因素，当其得到满足时能够消除企业的不满意感，但不意味着能够为企业带来满意感，真正使企业感到满意并决定在某一区域投资的是激励因素，即明显优于其他区域、能够为该区域吸引企业前来投资的各种"加分项"，但这一重要方面恰恰为一些地方政府所忽视。基于此，各级政府应努力在满足企业基本需求的基础上，深入考虑企业更深层次的需求，打破常规，另辟蹊径，通过持续地推出各种"加分项"，打造营商环境的比较优势。

四、可实践性原则

优化营商环境的相关政策必须始终坚持可操作性原则。正所谓"一分部署，九分落实"，唯有将"最后一公里"问题妥善解决，才能切实解决企业真正关切的问题。政策落地难的原因归根结底表现在以下两个方面：一是执行难度，由于缺乏明确的配套实施细则和操作指南，不仅办理程序冗余、繁杂，使企业无法享受相关优惠政策，也造成不同部门之间各自为政；二是执行成本，尽管政策具有一定的可操作性，但由于对企业而言实施成本（这一成本不仅包含经济成本等显性成本，也包含时间成本、机会成本等在内的隐性成本）过高，其感受到的政策"服务"将会大打折扣。因此，要奉行可操作性原则，打通政策落地的"最后一公里"，必须明确政策落实的配套措施，明确透明公正的办理流程，明确各个部门的权责清单，以降低政策执行的难度，同时打造"阳光"政府，精简审批事项，优化流程，以降低政策执行的成本，最大限度提升企业便利度，提升政府服务效能。

第二节　市场主体营商环境满意度 多维评估体系的构建

一、评估体系的构建依据

(一) 借鉴世界银行营商环境评估指标体系

世界银行于 2002 年启动营商环境评估项目，自 2003 年起每年开展评估工作并发布营商环境报告，目前最新一版是 2019 年 10 月发布的《2020 年营商环境报告》。世界银行为衡量各国小企业运营的客观环境而设计了企业营商环境指标体系，指标的排名代表该国企业营商的难易程度。该指标体系包括开办企业、办理建筑许可、获得电力、登记财产、获得信贷、保护中小投资者、纳税、跨境贸易、执行合同、办理破产、劳动力市场监管、政府采购 12 项一级指标，涵盖了企业生命周期的创业、获得场地、获得融资、日常运营和解决问题五大阶段。

世界银行的指标体系主要是针对一个国家（经济体）来进行设计的，出发点更多的是针对国家层面的法律法规和制度政策，由于中国现行的单一制行政管理体制，部分指标在国内各个地区间差异不大，且不具备对相关事项进行制度变革的权限，所以无须进行单独评估，采信世界银行对中国统一的评估标准与结果即可。而对于某些指标，各地区部门则可以通过优化流程、压缩时限、创新办理方式等进行有针对性的改革和优化，如开办企业、办理建筑许可、登记财产、纳税等指标。

因此，在营商环境的评估指标体系的构建过程中，应结合东北地区实际情况，从世界银行营商环境评估体系中选取部分指标纳入营商环境评估指标体系，但不局限于世界银行指标。

（二）结合中国特色营商环境评估指标体系

在 2018 年 1 月 3 日的国务院常务会议上，首次提出要借鉴国际经验，抓紧建立营商环境评估机制，逐步在全国推行。国家发展改革委借鉴国际营商环境评估方法，本着"国际可比、对标世行、中国特色"原则，以市场主体和社会公众满意度为导向，构建了中国营商环境评估指标体系。该指标体系包括 18 个一级指标，其中有 12 个一级指标来自世界银行营商环境评估体系，获得用水用气、招标投标、政务服务、知识产权创造保护和运用、市场监管、包容普惠创新 6 个一级指标系中国采纳的试评估指标体系，涵盖了企业全生命周期、反映投资吸引力、体现监管与服务三个维度。

需要注意的是，世界银行评估体系和中国营商环境评估体系中的"政府采购"指标有所不同。世界银行评估体系中的"政府采购"指标对应的是中国营商环境评估体系中的"招标投标"指标。由于世界银行"政府采购"指标的评估内容还未公布，本书评估采用的是中国营商环境评估体系的"政府采购"指标。其中，获得水电气与所有企业的运营都息息相关，具有一定的评估意义，这里将世界银行的"获得电力"和"获得用水用气"统称为"获得水电气"，政府采购、政务服务、市场监管 3 个指标的事权更多是在基层区县，尤其是政务服务和市场监管作为基层政府的重要职责，其建设水平更多地反映了一个地区政府行政审批和市场监管的总体水平，现实中各个区县间也存在较大的差异，需要通过评估进行比较，推动落后地区优化这些指标。

因此，在营商环境的评估指标体系的构建过程中，应在世界银行营商环境评估体系的基础上，结合中国特色营商环境评估指标体系，并根据东北地区实际情况，选取中国特色营商环境评估部分指标纳入营商环境评估指标体系。

（三）重点关注市场主体的满意度和获得感

经济发展的活力来自市场主体，市场主体发展离不开良好的营商环境。市场主体是一个地区营商环境最直接的利益相关者，市场主体的感受能够直接反映一个地区营商环境状况的好坏。一个地区的营商环境好坏，应该以市场主体的满意度和获得感作为重要的评判标准。正所谓"营商环境好不好，政府说了不算，企业和群众说了算"。坚持以市场主体需求为导向，是持续优化营商环境的核心思想。

因此，在营商环境的评估指标体系的构建过程中，应该重点关注各类市场主体对优化营商环境的实际感受，寻找市场主体的真正需求，提升市场主体满意度和获得感，综合全面地开展营商环境评估工作。

（四）充分考虑政府部门工作职责差异

政府部门是优化营商环境的重要推手，必须充分发挥政府在优化营商环境中的主导作用。根据世界银行的指标，营商环境涉及企业全生命周期，对应政府职能的方方面面。政府服务意识强不强、功能发挥好不好，直接决定着营商环境的优劣。事实上，政务服务好不好，企业和群众满不满意、高不高兴、受不受益是根本的检验标准。但需要注意，企业对部门的评估要充分考虑部门的职能分工，不能因为对部门职能的误解，一味地表示不满意。

因此，在营商环境的评估指标体系的构建过程中，市场主体对于营商环境的满意度要充分考虑部门职能的差异性，从而科学、准确地开展营商环境评估工作。

二、营商环境多维评估体系的构成维度

营商环境是一个包含政治制度、经济市场、社会文化、政策法规等多方面的综合有机动态系统，从单一方面选取营商环境评估指标往往难以全面准确地评估营商环境，因此需要通过构建营商环境多维评估指标体系从多个方面开展综合评估。本书分别从营商环境总体满意度、专项满意度和部门满意度三个维度进行评估，坚持以市场主体需求为导向，提升市场主体满意度。

（一）基于市场主体总体满意度的维度

如表 2-1 所示，市场主体营商环境总体满意度评估指标体系主要包括综合满意度、要素环境、法治环境、信用环境、政务环境、市场监管六个一级指标。主要采用调查问卷和座谈会两种方式，对被选取的市场主体的企业代表（企业负责人或中层以上管理人员）和办事群众展开定性和定量调查，了解市场主体对 A 市和 C 市营商环境的总体满意度及对政府工作的意见和建议，将评估结果与历年结果进行比较。

表 2-1　市场主体营商环境总体满意度评估指标

一级指标	二级指标	具体题项
综合满意度	总体评估	对本地区营商环境的总体满意度

续表

一级指标	二级指标	具体题项
要素环境	基础配套	交通运输便利度
		水电气供应
	劳动用工	用工成本
		劳动力素质水平
	融资环境	银行贷款资格审查
		银行贷款审批效率
法治环境	依法行政	保护企业合法权益
		判决的案件有效执行
	司法公正	法院审理案件公平公正
信用环境	政策兑现	优惠政策如期兑现
	信用体系	上下游企业守信经营
		失信惩戒做得好
政务服务	政务审批	政府审批效率高
		容缺受理
	政务公开	对政务服务网满意度
		涉企政策信息发布情况
	服务专业性	工作人员工作主动性
		政府工作人员办事能力
市场监管	公开透明	双随机、一公开
	执法规范	检查次数减少

（二）基于市场主体专项满意度的维度

借鉴世界银行和中国特色营商环境指标体系中的 18 个评估指标，结合东北地区实际情况，市场主体营商环境专项满意度最终选取了 9 个评估指标，分别为开办企业、办理建筑许可、登记财产、纳税、获得信贷、跨境贸易、获得水电气（将获得用电和获得用水用气合并）、政府采购和市场监管，构成了基于市场主体专项指标满意度的营商环境评估指标。

本书选取了 A 市和 C 市进行营商环境评估，但根据不同城市的特点，A 市市场主体营商环境专项满意度评估只采用了其中开办企业、办理建筑许可、纳税、政府采购和市场监管 5 个评估指标，C 市市场主体满意度评估采用全部的 9 个评估指标。具体内容以开办企业和办理建筑许可为例，如表 2-2 所示。

表 2-2 市场主体营商环境专项满意度评估指标

序号	一级指标	具体题项
1	开办企业	市场主体对全程电子化平台的满意度
		市场主体对刻章费用的满意度
		市场主体对税务登记和领取发票的满意度
		市场主体对银行开设市场主体基本账户的满意度
		市场主体对办理新进人员社保登记的满意度
		市场主体对办理新进人员公积金开户的满意度
		市场主体对劳动用工备案的满意度
		市场主体对各商业银行开设市场主体基本账户的满意度
2	办理建筑许可	市场主体对立项用地阶段审批效率的满意度
		市场主体对工程规划阶段审批效率的满意度
		市场主体对施工许可阶段审批效率的满意度
		市场主体对竣工验收阶段审批效率的满意度
		市场主体对工程建设领域中介服务的满意度
		市场主体对帮办代办服务的满意度
		市场主体对使用工程建设项目审批管理系统的满意度
		市场主体对工程审批窗口人员业务能力的满意度
		市场主体对兑现土地政策的满意度

（三）基于市场主体部门满意度的维度

市场主体营商环境部门满意度的评估指标体系主要依据各部门

的工作职责和重点任务进行设计，本书选取 B 市的 26 个部门进行评估，将其分为四大类，包括审批监管部门、社会事业部门、中省直单位和市政府直属事业单位（见表 2-3）。评估指标体系主要包括两个部分：第一部分是公有职能满意度评估指标，第二部分是特殊职能满意度评估指标。

表 2-3　B 市政府职能部门分类及名称

序号	类别	部门名称
1	审批监管部门	市营商局、市公安局、市司法局、市市场监管局、市行政审批局、市发展改革委、市工信局、市自然资源局、市住建局、市交通运输局
2	社会事业部门	市教育局、市科技局、市人社局、市卫生健康委、市医保局
3	中省直单位	市税务局、市海关、市供电公司、市银保监分局、市法院、市生态环境局、人民银行市中心支行
4	市政府直属事业单位	市经济合作服务中心、市不动产登记中心、市政务服务中心、市市场监管服务中心

审批监管部门是指针对某些事项拥有行政审批权力或者行政监管权力的部门，本次评估对象包括 B 市营商局、市公安局、市司法局、市市场监管局、市行政审批局、市发展改革委、市工信局、市自然资源局、市住建局、市交通运输局 10 个部门。以市行政审批局为例，笔者设计了 6 个公共职能满意度和 4 个特殊职能满意度评估指标，编制了 13 道题目，具体如表 2-4 所示。

社会事业部门是为了社会公益目的，由国家机关或其他组织举办的从事教育、科技、文化、卫生等活动的社会服务部门。本次评估对象包括 B 市教育局、市科技局、市人社局、市卫生健康委、市医保局 5 个部门。以市卫生健康委为例，设计了 7 个公共职能和 3 个特殊职能满意度评估指标，编制了 13 道题目，具体如表 2-5 所示。

表 2-4 B 市行政审批局营商环境满意度评估指标

一级指标	二级指标	具体题项
公共职能满意度	服务便利性	对优化政务服务流程，提升办事便利度工作的满意度
		对推进"一网通办"工作的满意度
		对推进政务服务"一窗通办"工作的满意度
	政务审批	对项目审批制度改革工作的满意度
	服务专业性	对维护"亲""清"新型政商关系的满意度
		对工作效率的满意度
	工作作风	对工作作风的满意度
	公开透明	对信息公开的满意度
	执法规范	对依法行政的满意度
特殊职能满意度	审批时限	对市行政审批局压缩审批时限工作的满意度
	政务标准化	对市行政审批局加强政务服务事项目录标准化、规范化管理的满意度
	市场主体投诉	对市行政审批局处理营商环境投诉工作的满意度
	政务服务好差评	对市行政审批局开展政务服务"好差评"工作的满意度

表 2-5 B 市卫生健康委营商环境满意度评估指标

一级指标	二级指标	具体题项
公共职能满意度	服务便利性	对推进"一网通办"工作的满意度
		对优化政务服务流程，提升办事便利度工作的满意度
	政策兑现	对落实减税降费政策工作的满意度
	防疫工作	对落实疫情防控工作的满意度
	服务专业性	对维护"亲""清"新型政商关系的满意度
		对工作效率的满意度
	工作作风	对工作作风的满意度
	公开透明	对信息公开的满意度
	执法规范	对依法行政的满意度

续表

一级指标	二级指标	具体题项
特殊职能满意度	医疗服务水平	对市卫生健康委提高基本医疗服务水平的满意度
	发展大健康产业	对市卫生健康委发展大健康产业工作的满意度
	市场监管	对市卫生健康委全面实施"双随机、一公开"监管工作的满意度
		对市卫生健康委规范行政执法、完善行政裁量权基准制度工作的满意度

中省直单位是指不列入政府序列，但直属中央或省政府领导和管理的机关部门。本次评估对象包括 B 市税务局、市海关、市供电公司、市银保监分局、市法院、市生态环境局、人民银行市中心支行 7 个部门。以市税务局为例，设计了 5 个公共职能和 3 个特殊职能满意度评估指标，编制了 11 道题目，具体如表 2-6 所示。

表 2-6 B 市税务局营商环境满意度评估指标

一级指标	二级指标	具体题项
公共职能满意度	服务便利性	对优化工作流程，简化手续的满意度
		对拓展网上办事的满意度
	执法规范	全面实施"双随机、一公开"监管工作的满意度
		对维护"亲""清"新型政商关系的满意度
	服务专业性	对工作效率的满意度
		对工作作风的满意度
	公开透明	对信息公开的满意度
	服务便利性	对依法行政的满意度
特殊职能满意度	减税降费	对市税务局落实减税降费政策工作的满意度
	不动产登记	对市税务局实施不动产登记、交易和缴税"一窗受理""并行办理"工作的满意度
	纳税服务	对市税务局开展纳税服务工作的满意度

市政府直属事业单位是直接隶属于市政府，以提供各类公共服务为主的单位。本次评估对象包括 B 市经济合作服务中心、市不动产登记中心、市政务服务中心、市市场监管服务中心 4 个部门。以市经济合作服务中心为例，设计了 3 个公共职能和 3 个特殊职能满意度评估指标，编制了 7 道题目，具体如表 2-7 所示。

表 2-7　B 市经济合作服务中心营商环境满意度评估指标

一级指标	二级指标	具体题项
公共职能满意度	服务专业性	对维护"亲""清"新型政商关系的满意度
		对工作效率的满意度
	工作作风	对工作作风的满意度
	公开透明	对信息公开的满意度
特殊职能满意度	招商引资	对市经济合作服务中心开展招商引资工作的满意度
	项目落实	对市经济合作服务中心推进项目落地工作的满意度
	对企服务	对市经济合作服务中心为民营企业提供服务工作的满意度

第三节　市场主体营商环境满意度评估的实施过程

为进一步了解东北地区营商环境建设的发展现状，倾听市场主体对当地营商环境的意见和建议，助力优化东北地区营商环境持续健康稳定发展，本书对 2020 年东北地区营商环境建设、市场主体满意度情况进行了独立、科学、全面的评估。

本次评估聚焦市场关切，坚持问题导向和目标导向，旨在深入挖掘影响市场主体满意度的决定性因素，进一步增强市场主体的获得感。基于研究的科学性，课题组选取了东北地区 A、B、C 三市进行实地调研，搜集了大量数据及材料，重点围绕市场主体营商环境的总体满意度、专项满意度和部门满意度三个维度进行调查。对调研地区的营商环境总体满意度调查主要体现在综合满意度、要素环境、法治环境、信用环境等 6 个方面，营商环境专项满意度调查主要体现在开办企业、办理建筑许可、登记财产、纳税、获得信贷、跨境贸易等 9 个专项指标，营商环境部门满意度调查主要体现在对 26 个政府职能部门的满意度情况、存在的问题及对政府工作的意见和建议，从而全面了解市场主体对东北地区营商环境的满意度和获得感。

一、课题实施过程

本次营商环境评估共获得营商环境市场主体满意度调查有效问卷 26242 份。与政府有关部门协调召开企业家（企业代表）座谈会共 22 场，参会企业代表（企业负责人、企业中层管理人员、企业办事人员）共计 246 人，涵盖东北地区所选 3 个城市的国有企业、民营企业、外资（独资、合资）企业、个体工商户等，企业规模包含重点税源企业及中小微企业。参与问卷调查、企业座谈会的企业分布具有较强的代表性。

同时课题组对 A、B、C 三市展开了大规模的电话、网络、现场拦截形式的问卷调查工作，调查对象包含规模以上企业、中小微企业和个体工商户，调查内容覆盖营商环境总体满意度、营商环境专项满意度及营商环境建设部门三个维度，接触企业共计 56997 家。

二、调研样本及概况

在本次调研完成的 26242 份有效问卷中，A 市有 1558 份、B 市有 23703 份、C 市有 981 份。在 A 市和 C 市，主要进行了总体满意度问卷调查和专项满意度调查，在 A 市仅开展了 5 项专项满意度调查，在 C 市则开展了 9 项专项满意度调查；在 B 市，主要进行了部门满意度调查。具体成功样本量分布情况如表 2-8 所示。

表 2-8 A 市、B 市、C 市调查问卷成功样本量情况

单位：份

问卷类型		A 市成功样本数量	B 市成功样本数量	C 市成功样本数量	总计
总体满意度问卷		1037	—	558	1595
专项满意度问卷	开办企业	119	—	30	149
	办理建筑许可	83	—	17	100
	纳税	107	—	30	137
	政府采购	106	—	30	136
	市场监管	106	—	30	136
	登记财产	—	—	30	30
	获得信贷	—	—	18	18
	获得水电气	—	—	8	8
	跨境贸易	—	—	30	30
	小计	521	—	423	944
部门满意度问卷		—	23703	—	23703
总计		**1558**	**23703**	**981**	**26242**

在总体满意度调查的 1595 份有效问卷中，受访企业类别分布较为合理，具有较强的代表性。

在专项满意度调查的 944 份有效问卷中，根据指标性质的不同，受访企业的数量存在一定差异，但整体来看，每个指标的调查数量都在合理的范围内，分析结果具有可信性。

在部门满意度调查的 23703 份有效问卷中，共有 7589 个受访者接受调查，本次调查采用多种途径与方法，包括委托市税务局开展网络二维码调查、对全市规模以上工业企业、中小微企业和个体工商户进行电话调查、对市审批服务中心、市内商业街区商户发放纸质问卷并进行现场调查，以此保障调查具有代表性。

第三章
市场主体对营商环境的需求分析

第一节　市场主体的需求是营商环境
建设的出发点和落脚点

党的十九届五中全会《中共中央关于制定国民经济和社会发展第十四个五年规划和二〇三五年远景目标的建议》对加快转变政府职能作出重要部署，建议中提到"紧紧围绕构建高水平社会主义市场经济体制加快转变政府职能"。要推动中国政府职能转变，首先必须准确调查和把握社会公共需求的实际状况，找出公共供给与社会需求之间的差距，确定当前的政务服务水平。

从政府实践来看，衡量政府政务服务水平的方法有三种：第一种是改进法，通过了解目前公共供给不足的状况，提出进一步改进政务服务的方法；第二种是对照法，即对照相同经济发展水平与人均国民生产总值相同国家的政务服务状况，以改进本国的公共供给状况；第三种是赶超法，即参照发达国家公共供给的水平，确立改进我国政府公共供给的方法。虽然使用这些综合指标已经可以反映中国政府政务服务客观情况，但是它们又有共同的弊端，就是在衡量政务服务水平时，忽略了政务服务对象的需求满足程度和满意度。对于政务服务来说，随时把握社会公共需求的变化，提高政务服务水平，不仅要达到政务服务水平指标体系的要求，而且必须弄清服务对象的需求结构，了解政务服务对象在接受政务服务过程中的满意程度，以此作为改进政务服务的基础与依据。

政务服务需求，主要是指社会生产生活中自然产生的，对由政府部门提供的政务服务（产品）的需要和要求。从本质上说，政务服务需求是社会利益相关方要求改革政务服务现状，包括改变政务服务供给的数量、质量和方式，已达到新的"供给—需求"平衡的要求。通常，这种需求要求政府向社会提供一定数量和质量的政务服务，以维持社会个体的生存，增进社会总体福祉，促进社会整体的发展。但有时，利益相关方也可能要求政府减少某类他们认为无用的，甚至是资源浪费的政务服务，或者改革现有的低效、臃肿的服务机构以提高政务服务效率，这些也是政务服务需求。

从逻辑上说，政务服务起始于政务服务需求，最终也要反馈到政务服务需求。因此，政务服务需求是整个分析架构的起点和终点，属于需求端；政务服务生产体系是对政务服务需求的回应和反馈，属于供给端。需求端包括需求的表达和反馈，是指市场主体向政府提出需求内容以及得到供给以后的反馈情况。供给端则是政务服务系统内部流程，包括政务服务决策、政务服务生产和政务服务供给。如图 3-1 所示，可将整个政务服务体系分为需求端和供给端两个组成部分，在两大部分之间的是政务服务通道、公共信息。整个通道是一种泛指，主要是指信息和服务在国家和社会之间进行交换的介质，包括公共舆论空间（用以交换需求信息）、各类政策研究及提供政务服务的各级政府。通道对于政务服务体系建设有重要意义和作用。如果缺乏完善的、多样的通道，需求信息就难以在两大部分之间顺畅地流动和传递。同样的道理，如果缺乏健全的、高效率的服务供给通道，政务服务项目的执行过程也可能出现偏差甚至错误，无法达到公共政策的初衷和目标。这两大部分共有六个环节与政务服务需求相关，分别是需求表达、需求评估、需求整合、需求管理、需求监督、需求供给，它们构成一个相对封闭、首尾相连政务服务需求活动过程（容志，2019）。

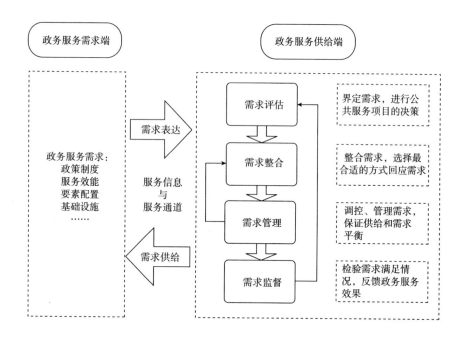

图 3-1 政务服务需求分析框架

在现代经济体系中，市场在资源配置中起决定性作用，这种决定性作用又是通过市场主体，也就是各类大大小小的企业来实现的。企业的各种需求使资源在市场中流动并实现各种配置。各种要素资源围绕企业需求转，这是市场经济规律的客观必然。同样，政府各种优化营商环境的改革也必须遵循这种规律。2020 年国务院办公厅《关于进一步优化营商环境更好服务市场主体的实施意见》中提到，近年来，我国营商环境明显改善，但仍存在一些薄弱环节，特别是受新冠肺炎疫情等影响，企业困难凸显，亟须进一步聚焦市场主体关切，对标国际先进水平，既立足当前又着眼长远，更多采取改革的办法破解企业生产经营中的堵点、痛点，强化为市场主体服务，加快打造市场化法治化国际化营商环境，这是做好"六稳"工作、落实"六保"任务的重要抓手。可见，聚焦市场主体关切内容，以市场主体需求为导向，强化为市场主体服务，是优化营商环境的关键出发点。

了解市场主体需求是优化营商环境的前提，满足不同市场主体差异化的需求尤为重要。企业发展中都会遇到资金、人才、政策等问题，但既有共性又有个性，不同企业的需求会有不同，同一个企业在不同时期的需求也不相同。从企业角度来看，优化营商环境本质上是为其营造一个能够带来外部经济的环境，核心表现在于降低其综合交易成本。优化营商环境的成效取决于是否真正满足了企业的需求，降低了企业的综合交易成本。如表 3-1 所示，不同于政府供给导向，企业需求导向应认识到企业的多样化需求源于企业与一系列利益相关者之间的相互依赖关系及其嵌入的多维度环境，如基础生产要素是企业不可或缺的一环，价格受到政府管控程度和审批便利度的间接影响；一个好的商业生态系统能够有效降低企业的供应链运营成本，而商业生态系统的培育也会受到一些政府行为的影响，如高新技术、文化创意产业园区的政府规划；而人才作为影响企业可持续发展的重要因素，构建宜居环境、降低配套性生活成本也是企业的重要需求之一（刘刚，2019）。

表 3-1 政府供给导向与企业需求导向对比

	政府供给导向	企业需求导向
政府角色	定位于管理型政府，角色相对被动	定位于服务型政府，角色相对主动
政商关系	尚"清"而"亲"不足	既"清"又"亲"
关注领域	主要关注制度环境，致力于降低制度性交易成本	涵盖制度环境、要素环境、商业生态系统、宜居环境等多维度环境，致力于降低包括制度性交易成本、要素获取成本、供应链运营成本、配套性生活成本在内的综合交易成本
优化过程	相对静态过程	持续动态过程
优化路径	以放管服为核心，建设高效的制度环境	构建覆盖企业经营全过程、服务企业经营全方位的营商环境体系

第二节　基于市场主体需求的营商环境评价分析

一、市场主体对营商环境的需求的定量分析

在政务营商环境中政府的政务服务供给是政府基本职责，政务服务以企业需求为导向，以政府职能或法律规定为依据，以优化营商资源配置为策略，要根据新时代企业需求不断调整优化。政务营

商环境包含制约企业达到其最高生产率的政府服务能力及水平的总和。

课题组通过电话调研、问卷填写、座谈会等方式，收集了 C 市企业在当地生产经营过程中遇到的实际困难，了解市场主体对政务服务的需求情况。针对 C 市政务服务措施需求分析，从政务服务举措、"互联网+政务服务"、窗口业务办理、大厅便民服务、政务公开服务五个方面开展调研，C 市受访企业对各类服务措施的需求程度定量分析结果如表 3-2 所示。

表 3-2　C 市受访企业对各类服务措施的需求程度分析

分类	题项	需求程度	需求排名
窗口业务办理	企业对全部事项在一个窗口办理的服务的需要程度	86.38	3
	企业对窗口主动提供一次性告知单，一次性告知需要准备哪些材料的服务的需要程度	90.54	1
	平均值	88.46	
互联网+政务服务	企业对部分审批事项全流程网上办理，无须本人去窗口递交材料的服务的需要程度	83.19	4
	企业对招商、产业、科技、人才、税务等全部惠企政策，在政务服务网设置专栏集中发布的需要程度	79.71	5
	平均值	81.45	
大厅便民服务	企业对行政审批大厅增设 24 小时自助办理终端的需要程度	78.92	6
	企业对行政审批大厅增设智能引导设备的需要程度	77.60	7
	企业对行政审批大厅增设免费复印打印设备的需要程度	89.25	2
	平均值	81.92	

续表

分类	题项	需求程度	需求排名
政务公开服务	企业对建立网上营商环境投诉平台的需要程度	74.80	8
	企业对在网上中介超市查询企业所需中介服务事项、办理中介服务事项的需求程度	71.33	9
	平均值	73.06	
政务服务举措	企业对政府提供"一对一，对企专员"（如项目管家、服务秘书、万人进万企等）服务的需要程度	69.71	11
	企业对政府组织专家，对企业生产、经营、研发、技术等方面进行会诊，提出转型升级建议的措施的需要程度	62.87	12
	企业对在轻松和谐的氛围下，政府组织企业召开座谈会，请企业谈需求、谈问题的需要程度	71.11	10
	平均值	67.90	

注：需求指数是指受访企业对服务措施的需求程度，指数范围是0~100，分值越低表示越不需要，分值越高表示越需要。

调研数据显示，从政务服务分类来看，企业对窗口业务办理、大厅便民服务、"互联网+政务服务"需求程度较高；从服务具体工作内容来看，企业需要程度最高的前三项是窗口主动提供一次性告知单，一次性告知需要准备哪些材料的服务，行政审批大厅增设免费复印打印设备的服务，以及全部事项在一个窗口办理的服务。通过数据也可以发现，对能直接影响企业办事体验的服务事项，企业的需求程度偏高；而不能直接影响企业办事体验的服务事项，企业的需求程度相对低一些。

如表3-3所示，受访企业认为，C市营商环境存在的最突出的三个问题分别是"招工困难或用工成本高""人才招引困难""惠企政策太少或力度不够"；比较突出的问题是"物流成本高""融资难或融资成本高""产业链配套不完善""税费负担过重"及"政策不稳定或落实困难"等。

表 3-3　受访企业认为 C 市营商环境存在的问题分析

序号	存在的问题	百分比（%）
1	招工困难或用工成本高	37.6
2	人才招引困难	35.1
3	惠企政策太少或力度不够	22.6
4	物流成本高	21.3
5	融资难或融资成本高	19.7
6	产业链配套不完善	18.3
7	税费负担过重	17.4
8	政策不稳定或落实困难	10.2
9	政府办事效率不高	9.5
10	企业用水、用电、用气保障不力	6.3
11	土地指标供给不足	3.8
12	企业信用环境较差	2.3
13	其他	5.6
14	没有问题	34.9

二、市场主体对营商环境建设的具体需求

课题组综合 A、C 两市调研数据，梳理企业反映的问题发现，市场主体对于营商环境的需求主要聚焦在审批服务、涉企政策、要素配置、基础设施几个方面，具体如下：

（一）审批服务方面

审批服务为政府部门通过政务服务窗口、政务服务网站及其他平台根据公民、法人或者其他组织的申请，经依法审查，准予其从事特定活动的行为。根据调研数据分析发现，市场主体对于审批服务方面反映的问题主要有办事流程烦琐、办理业务多次跑动、办事

效率不高、线上操作不便、企业不知如何办理相关业务、办理业务没有专人指导、部分政府部门职能不明确、工作人员服务意识有待提高等。通过整理分析，市场主体对于审批服务的需求具体如下：

（1）简化、优化审批流程。企业代表反映的问题主要是审批流程烦琐、复工复产申请手续复杂、线上线下重复审批等。企业代表提出需求如下：

> **A 市**
>
> 👤审批流程烦琐，希望能简化流程。
>
> 👤企业复工复产申请手续复杂，耽误企业经营时间较长，一般小企业准备不明白，希望手续能简化一些。
>
> 👤部分审批事项在网上申请完了，还需要到各个局去进行沟通。希望能够实现线上线下联动。
>
> **C 市**
>
> 👤希望通过电话、短信、微信的形式通知企业办理各项事情。
>
> 👤希望在办理保险事宜、企业员工增减变动时，可以不用排队，不要太烦琐，最好能在网上办理，资料可以快递。
>
> 👤在办理发票事宜时，希望可以异地办理，不用特地去指定地点。

（2）提高审批效率。企业代表反映的问题主要是审批效率低、审批时间长、窗口排队时间长、窗口人员业务量分配不均等。企业代表提出需求如下：

> **A 市**
>
> 👤审批效率低，希望能提高效率。

C 市

👤 不动产登记和开办企业的窗口有时需要排很长时间的队。希望能多开几个办事窗口。

👤 办理贷款抵押需要三个工作日，有企业反映设定三个工作日不太合理，审批效率低，而且需要跑动的次数多，有些时候只是反复抵押相同的材料，并没有什么改变，但还是需要三个工作日。希望能压缩审批时间。

👤 窗口工作人员的业务量分配不均，有的窗口业务量非常大，而有的窗口业务量较小。希望能实现动态调整，减少排队时长。

👤 工商窗口的打印机要排很长时间的队，希望能增加一些自助设备。

（3）"一站式""一窗"办理业务。企业代表反映的问题主要是多次跑动，不能"一站式"办理业务，不能网上办理，企业办理业务需要跑很多地方等。企业代表提出需求如下：

A 市

👤 企业希望办理对公业务的程序越简化越好，最好"一站式""一窗"办齐，不要东奔西走。

👤 市场监管、社保、公安、医保等各业务大厅较为分散且并未按照就近原则，企业在办理业务时不方便。希望能"一站式"办理。

C 市

👤 办理社保跑动次数多，有些员工流动性大的企业反映几乎每个月都要因员工社保问题来回跑。希望能减少跑动次数。

> 👤 跑社保，劳动用工备案，得来来回回去好几个地方，麻烦，建议在一处办事最好。

（4）简化政务服务网操作流程，解决系统卡顿问题。企业代表反映的问题主要是政务服务网操作烦琐、页面设计不合理、登录困难、运行卡顿、线上办理效率不高、操作不方便、不会操作等。企业代表提出需求如下：

> A 市
>
> 👤 政务服务网操作相比于以前比较烦琐，部门分管事项重复，分级太多，建议在条件允许情况下简化网站程序。
>
> C 市
>
> 👤 有些事项网页设计不太合理，登录困难或不顺畅，希望能够优化。
>
> 👤 网站总是卡顿，业务办理量较多时网站会频繁瘫痪，影响企业办事进度。虽然开通了在线政务平台，但很多业务线上办理效率并不是很高。希望能够优化政务服务网。
>
> 👤 有时在线办理业务的效率不如面对面办理，另外网上申报对于一些年纪比较大的人来说会不太方便亲民，希望能提供有关办理流程的指导。
>
> 👤 有的网上办理事宜不太明白、不太好操作，希望增设几个人工窗口。
>
> 👤 对平台不太了解，希望网上能有一些具体指南，能再简便一些。

（5）明确业务部门及流程，有专人指导审批流程。企业代表反映的问题主要是企业不知道如何办理相关业务，不知道去哪里办理，政府部门职能不够明确，不知道哪个部门负责，办理业务流程告知不清晰，不知道办理流程，不会操作平台等。企业代表提出需求如下：

> **A 市**
>
> 👤 刚开始办理手续时不知道去哪里办理，得打听到底是哪个部门负责办理。建议明确部门，明确职能。
>
> 👤 企业要办理立项，想咨询是不是需要办理规划许可，咨询好几个部门都得不到明确答复。希望能落实首问负责制。
>
> 👤 希望行政审批讲解得更详细一些，政府机构职能改革，房产证办理困难，企业对流程不清楚，也没有对接单位，希望官网列出流程、材料等。希望有好的政策能积极与企业联系。
>
> 👤 希望使用在线平台审批全过程都有专人指导。
>
> **C 市**
>
> 👤 职能部门还不是很细化与完善，一些业务不知道具体该跟哪些部门进行对接。希望能够有人指导。
>
> 👤 希望统一平台，将提供的服务公示、申报的进度在平台查询，申报诉求在平台回复，每个企业有专人对接，所有问题找到专人解决，帮助企业向政府寻求答复。

（6）工作人员提高业务专业度。企业代表反映的问题主要是工作人员业务熟练度有待提升，服务意识需要进一步增强，服务态度应不断改进，增强责任心等。企业代表提出需求如下：

> **A 市**
>
> 👤 税务工作人员对自身主管业务熟练度不高，对税法不是很了解，解释不明白。建议工作人员精进业务，能给企业提供很好的答复与解决方案。

> 👤 现在企业在办理注册、变更等业务时需要使用全程电子化平台，但由于第一次进行操作，对于平台系统操作不了解，但到大厅发现，现场工作人员也不了解该系统和相关业务操作，无法为企业提供相应指导，让企业自行学习处理，给办事企业造成极大困扰。建议现场工作人员要学会操作，才能指导企业办事人员。
>
> 👤 在办理工商营业执照时，工作人员说不明白，跑好几趟也没有解决，原因是管理不到位，工作人员对自己业务不熟悉。建议加大业务培训。
>
> 👤 现在很多部门合并后，工作人员相对应的业务知识缺乏专业培训，导致企业办理业务的过程不顺畅。建议加大对工作人员的培训力度。
>
> 👤 手续办理时间长，部分原因在于企业自身手续不全，建议有关部门把政策向企业讲明白。
>
> C 市
>
> 👤 有些窗口工作人员对有些业务不太熟悉，对于一些特殊的行业，工作人员的政策知识储备不全面。建议加大培训力度。

（7）部门能统一业务办理口径。企业代表反映的问题主要是市区两级要求不一致，咨询答复有偏差，同一事项存在重复检查等。企业代表提出需求如下：

> A 市
>
> 👤 办理本人提档业务，市里允许本人查看档案和进行拍照，但是劳动大厦里面的工作人员不允许，同一部门市区要求不一致，希望区里能积极和上级部门进行沟通。
>
> 👤 咨询不动产相关业务时不同科室咨询结果不一致，市里、区

里咨询结果不一致。希望能统一业务办理口径。

👤 使用网络平台和电话咨询过程中发现很多需要提交的材料要求比较笼统，但实际申请过程中审核要求却比较细致，导致企业为了完善材料多次往返办理。建议细化、明确各项具体要求。

C 市

👤 市局和区有时会针对同一个事项对企业进行重复检查，有的文件还需要给市局和区重复发两遍，重复发信息、回电话。建议市、区对于有些重复的检查结果和文件进行共享。

（二）涉企政策方面

涉企政策主要为对企业切身利益或者权利义务有重大影响、影响企业生产经营的专项政策，包括行业发展和改革政策、行业标准和规范、市场准入、环境保护、补贴、奖励等。市场主体在涉企政策方面反映的问题主要是惠企政策不够多、政策扶持力度不够、政策补贴力度较小、扶持政策申报门槛高、不能及时获知政策信息、政策解读不详细、缺乏政策指导、政策落实缓慢等。市场主体对涉企政策的具体需求如下：

（1）加大政策扶持力度，因地制宜推出相关政策。企业代表反映的问题主要是惠企政策需要增加、政策扶持力度有待增强、疫情期间复工复产压力较大、政策补贴力度不够、扶持政策申报门槛高、政策普惠性不高等。企业代表提出需求如下：

A 市

👤 当地政府在制定一些政策的时候只是参考了上级部门制定的

政策而并没有结合当地的实际情况，人才、企业扶持、住房补贴、知识产权等方面的政策也有，但是落实不下去，和企业对接不上，企业也很难享受。希望能因地制宜出台管用政策。

👤 希望政府加强对民营企业的扶持力度，对民营企业有所倾斜，改善现有局面。

C 市

👤 科技局的政策补贴力度较小，对企业起到的作用微乎其微。

👤 科技局的高新技术企业扶持政策申报门槛高，要求多，扶持力度较小。

👤 返税力度相较于其他地区比较小，利润大的公司很注重税收方面的优惠政策。

👤 因行业原因被列为重点排污检测单位的企业需要自费安装排污检测设备，对企业资金压力较大，希望政府能提供补贴。

👤 希望政府加强对企业关注和扶持力度，继续提供优惠政策与减免税费；在开拓市场与打开销路方面为企业提供服务。

👤 希望出台一些关于知识产权服务行业的政策。

（2）能加大政策宣传力度，完善信息发布方式，让企业及时获知政策信息。企业代表反映的问题主要是不能及时获知政策信息，政策宣传力度有待增强，企业获取政策信息渠道有限，政府政策透明度需进一步提高等。企业代表提出需求如下：

A 市

👤 新冠肺炎疫情给大部分企业经营带来了一定影响，对此企业基本享受到了税收优惠、社保减免等政策，但涉及如稳岗补贴、电费优惠等政策，企业都是通过企业之间相互询问才了解到的。部分规模较大的企业专门安排部门和人员进行政府政策收集和研究，但大部分企业只是"听说"之后才进行政策查询并进行申请，希望能有一个较为直接、全面的政策发布平台。

👤疫情期间对哪种企业的员工有相应补贴，本地企业不是很了解，本地政务服务网更新也不够及时，希望能及时告知相关企业。

C 市

👤希望有新的与企业有关的优惠政策及时传达到企业。

👤建议在微信上如通过微信公众号及时发布政策信息、行业动态与会议信息。

👤希望政策能分门别类地推送给各个企业，希望及时告知，多给企业提供便利。

👤发布渠道便捷，及时了解相关信息。建立微信公众号，多发布信息政策，定期针对当地企业的需求，做调查表，转发到公众号，让企业之间也好交流，发布产业落地公示。

👤需要政策发布平台，内容包括各类政策申报流程、时间、咨询电话、实施细则、下载的附件表格等。最好能在线自主申报，部分政策可采用免申即领方式，让企业享受改革红利。

👤公司想要更换厂房，不太了解厂房租用补助的相关政策，政策获取渠道还需要标准化。

👤有些政策等反应过来时已经过了政策时效，因此政府部门还需加大政策宣传力度。

👤希望平时组织培训会，宣传相关政策。

（3）能对政策详细解读，提供企业咨询、专业指导和培训。企业代表反映的问题主要是政策解读不详细，缺少政策指导、企业咨询或培训服务等。企业代表提出需求如下：

A市

👤对一些政府政策的解读能力有限，希望能够得到专业人士的政策解读，便于企业及时享受各种优惠。希望政府或有关部门能够牵头提供有效的、低成本的、顺畅便捷的咨询服务。

👤以前区税务局会组织很多免费培训，但是近年来，这种政府组织的免费专业培训几乎没有了，现在企业更多是参与有偿的培训。希望政府能够继续提供免费培训。

👤缺少政府组织的免费的法律咨询渠道，或者有，但是因为宣传力度不够导致企业不知道去哪里可以进行咨询。希望政府能够为企业提供免费法律咨询渠道。

C市

👤建议给企业的政策更透明、普及一些。比如用工，雇用大学生给予一定的补助，政府要告诉企业应该怎么办理，在哪里办理。

👤针对发布的政策，需要梳理和详细解读，责任到局、到人，避免帮扶工作人员都不知道政策出处，去哪个部门问询，如何给企业解读。例如发布的转型升级、盘活闲置资产的政策，网上无实施细则，申报条件模糊。帮扶人员也未进行研究。企业询问时也没有答疑渠道。

👤工作人员服务态度挺好，也帮助咨询解决问题，但是对部分政策，存在本地区工作人员帮助找几个相关人员才能对相关政策解读到位。希望有一个政策一口发布平台，且信息全，包括政策申报条件和准备的材料，对接人员、联系人、联系电话等。让企业登录一个平台知晓全部惠企政策，且有处可询可问。

（4）政策能有效落实。企业代表反映的问题主要是政策落实缓慢、落实难度较大、政府部门承诺兑现不够及时等。企业代表提出需求如下：

A 市

👤政府奖励政策没有落实，财政补贴没有到位。希望能够落实到位。

👤公司 2015 年正式投入运营，目前面对的困难是市政府拖欠污水处理服务费 6179 万元。企业污水处理经生态环境局检测没有问题，企业自身每个季度银行贷款要还 500 万元，虽然政府已经给企业减免社保和电费优惠，但没有什么实质性作用，企业多次与市政府、财政局协调，但到目前都没有回音。希望能够尽快解决。

👤公司建设一个分厂，和政府签订合同，由政府负责当地动迁工作。由于一部分居民未及时搬走，导致厂房无法建设，后期领导换届此事仍未落实。希望政府能落实承诺。

👤经营了本地区第一家电影院，政府补贴 50 万元，保证每个县必须有一个电影院，但作为第一家开业的电影院，企业没有享受到补贴，不清楚补贴款是否发放。希望政策能落实到位。

👤某家具制造厂反映，区域在招商引资时承诺的减免政策、引进政策都没有及时兑现，厂房建设时，政府为加快工期，承诺可以先施工再补证，但是在办理房证时，有关部门认为先施工再补证不符合要求，属于违法先建，无法办理；对于基础设施配套费，企业引进时政文件说是减免，现在归市里管理，但是市住建部门不认可区里之前的承诺，反馈意见为：权限没在市里的，区里可根据政策减免基础设施配套费。希望能解决我们的问题。

C 市

👤约定好的开工一个月内返还的固投税还没有返还，因为怎样算开工说不清，时间节点的界定不是很明确，所以还没有拿到固投返还税，影响企业工程进度。

👤招商过来时答应可以办理虚拟地址，现在"创业带头人"计划申报不了，承诺未兑现。希望政策能保持前后一致。

👤招商时说交税有优惠，但是实际没有，希望有优惠、返点或奖励。

👤政府政策变化性太强，太随机，不利于企业长远投资，比如，税收优惠政策说 3 年，实际才 1 年多就停了。希望政策平稳落实。

👤建议招商时承诺的优惠政策能落实。

（5）政府能牵头组织企业互动活动。企业代表反映的问题主要是企业间缺少互动、本地区缺少行业协会等。企业代表提出需求如下：

A 市

👤政府应进一步协助企业"抱团取暖"，希望政府能够牵头组织同行企业、上下游企业进行沙龙、联谊等活动，为企业之间牵线搭桥，促进企业之间信息互通。希望政府能够组织企业一起"走出去"发现商机，支持当地企业发展。

> 👤本地区无行业协会。希望政府部门牵头组成行业协会。
>
> C 市
>
> 👤目前很多企业在 C 市都处于"单打独斗"的状态，没有上下游供应与采购、物流企业进行相互配套，目前 C 市的功能不齐全，各种配套设施很难搭建起来，因此没有优势。
>
> 👤希望政府多组织或成立商业群，多提供一些服务，让各个企业能坐下来谈问题、提建议。
>
> 👤适当组织企业聚集一起开个座谈会。

（6）帮助企业拓宽业务渠道。企业代表反映的问题主要是企业销售渠道有限，疫情期间销路受影响等。企业代表提出需求如下：

> C 市
>
> 👤一些企业本身的销路有限，部分企业由于疫情产品销量受到很大影响，需要 C 市帮助拓宽商户与销售渠道。
>
> 👤希望政府提供一些相关进出口渠道，拓展业务。
>
> 👤C 市有很多同行企业受疫情影响均不能开办展销会，商品销路受到很大影响。平时购买原材料主要考虑性价比，若想要推动本地原材料购买，需考虑增加采购本地产品补贴政策，增强本地原材料竞争力。

（7）能提供一对一精准帮扶，帮扶人员能够了解企业真实情况，提高专业度。企业代表反映的问题主要是尚不能做到对每个企业一对一精准帮扶、帮扶人员专业程度有待提升等。企业代表提出需求如下：

> **C 市**
>
> 👤 C 市现在还不能做到针对每一个企业进行一对一精准帮扶；一对一帮扶与帮扶人员的资质、条件相关，跨行业、跨区域帮扶难度较高，有时起到的作用并不是很大。
>
> 👤 对于小企业来说很难把所有的政策都解读明白，如果帮扶人员帮扶不到位，可能就会与优惠政策擦肩而过，帮扶人员需要到企业经常走动，多进行了解与沟通，才能真正了解企业真实情况。
>
> 👤 有些帮扶人员的专业程度不是太高，一些问题帮扶人员本身也不是很了解，帮扶人员应该更专业一些。

（8）能解决企业工业废弃物处理问题。C 市有企业代表反映，很多企业不知道该如何处理固体废弃物和工业垃圾，有些企业排放的固体废弃物和工业垃圾不多，所以以往没有专门找垃圾清运公司，但随着环保方面的监管越来越严格，少部分垃圾排放不合格也会受到检查，需要相关帮助。

（三）要素配置方面

要素资源包括自然资源要素、经济资源要素等。其中，自然资源要素包括土地资源、水资源、生物资源、矿产资源等；经济资源要素包括金融、人才、科技、数据等。要充分发挥市场配置资源的决定性作用，畅通要素流动渠道，保障不同市场主体平等获取生产要素，推动要素配置依据市场规则、市场价格、市场竞争实现效益最大化和效率最优化。在要素配置方面，市场主体反映的问题主要聚焦在人力资源和金融资源上，主要是引进及留住人才困难，企业融资难度大、成本高、贷款手续较复杂等。市场主体对于企业要素配置方面的需求具体如下：

（1）能助力企业招工，引进人才。企业代表反映的问题主要是人才引进困难，特别是高端技术人才；劳动用工成本高；难以留住人才等。企业代表提出需求如下：

A 市

👤由于当地有吸引力的大型企业数量较少，本地发展空间有限，对人才缺乏吸引力。希望政府能加大引才力度。

👤本地人才引进政策要求较高，不接地气，企业能用和实用的一般人才享受不了，同时引人政策宣传力度不足等问题导致外地人才吸引不进来，走出去的人才也不愿意回来，当地各类人才紧缺。希望引人政策更接地气。

👤企业对于劳动力的需求较大，受疫情影响，很多人员无法外出务工，造成本地劳动力严重不足，劳动力成本过高。在企业用工方面，政府缺少相关扶持政策，也应参考其他地区，协助企业到周边乡镇统一招揽劳动力，帮助企业共渡难关。

👤希望政府多给些福利政策，地方给些扶持，希望政府建立一条为企业提供人才的渠道。

C 市

👤提供的人才质量较低，组织的招聘会收效甚微，招聘效果不理想，且吸引优秀毕业生的能力有限。希望相关部门多举办招聘会。

👤招工难、用工难，企业自身引进高端技术人才有些难度。希望能提供技术人才补贴政策。

> 👤公司缺少技术工种（焊工、铆工），数量和质量不能保障，不知道且未参加过政府组办的招聘会。（希望）加大招聘会宣传力度。
>
> 👤希望提供机械行业方面的技术工人。

（2）助力企业融资，简化贷款审批手续，降低融资成本，创新融资方式。企业代表反映的问题主要是企业融资难度和成本较高、贷款成本高、贷款手续较复杂等。企业代表提出需求如下：

> A 市
>
> 👤企业经营过程中贷款难，贷款手续特别烦琐，贷款申请审批时间长。希望能优化贷款审批流程。
>
> 👤感觉不同地区申请贷款差异较大，信贷产品以不动产抵押为主，信用贷、质押融资等贷款方式较少。希望能提供多种信贷产品。
>
> 👤希望 A 市能建立政府性质的融资担保机构以及融资担保平台。
>
> C 市
>
> 👤信用贷的前提是要有足够的银行流水，但是对于 C 市内大部分小微企业来说满足这一点是很困难的，希望能为中小企业提供合适的信贷产品。
>
> 👤对本地区的金融服务平台宣传力度不够，大多数企业没有听说过，且平台提供的贷款额度较小，只能满足小部分小微企业的融资需求，对一些大企业的意义不大。
>
> 👤银行对企业放贷非常谨慎，因此 C 市在企业与银行之间起到的作用不明显。
>
> 👤资金回笼慢，需要融资，贷款比较困难，也有跟相关部门沟通过，但是没有收到回复，不了了之。

（四）基础设施方面

基础设施是指为社会生产和居民生活提供公共服务的物质工程设施，是用于保证国家或地区社会经济活动正常进行的公共服务系统。它是社会赖以生存发展的一般物质条件。基础设施包括交通、邮电、供水供电、商业服务、园林绿化、环境保护、文化教育、卫生事业等市政公用工程设施和公共生活服务设施等。基础设施方面，市场主体反映的问题主要是各类配套设施不够健全、公交线路不够多、交通运输便利度需要提升、道路环境有待进一步改善等。市场主体对于基础设施的需求具体如下：

（1）完善各类配套设施。企业代表反映的问题主要是缺失生活配套设施、用水用气保障存在问题、垃圾箱的配置数量不足等。企业代表提出需求如下：

A 市

👤 目前小区的一些配套设施建设例如超市之类都是靠企业自己想办法，政府参与度不高。希望政府能提供生活配套设施。

👤 当地教育、医疗、住宿条件有待完善，生活质量有待提高。

C 市

👤 多提供垃圾箱，周边环境垃圾多。

👤 希望修建休闲场所、广场、食堂等。

👤 希望能够尽快为企业供应燃气。

👤 保障企业用水需求，一到夏天水就供应不上，管道的水压不够。

👤 停水之前希望能提前通知。

（2）完善交通运输体系，增加公交线路及公交数量，提升交通便利度，解决物流运输问题。企业代表反映的问题主要是公交线路不够多、交通运输便利度有待提升、道路环境需要进一步改善、企业距离物流公司远、发物流不方便、运费成本高等。企业代表提出需求如下：

A 市

👤 客运站前交通情况混乱，给外地游客或者企业代表留下的印象较差。希望能加大管理力度。

👤 受地理因素制约，出入交通相对不便捷。希望能够提高企业物流运输效率。

👤 与外界连接的交通不便利，外地商户或是应聘人员到火车站下车后打车过来，但没法返回火车站，几乎都是由企业进行接送，招聘面试的成本太高。

C 市

👤 公交线路太少，员工上下班不方便，员工的效率被无形中拉低；上下班高峰期之后发车间距太长，平时出去办事很不方便。

👤 增加公交车线路。

👤 增加马路路灯数量，希望路灯再亮一点。

👤 公司附近道路不好，路面坑坑洼洼，需要抓紧修理，增强周围设施配套。

👤 物流方面，运费成本高，物流公司不好联系，物流公司都太远，运输问题不好沟通。希望政府能够优化物流配套。

👤 在物流方面，希望能够优化物流车辆禁行线路和时段，以保

障运输畅通，降低企业物流运输成本。

👤建议引进大点的物流公司，小物流公司抵御风险能力弱，规范性、安全性、时效性差。

第四章
市场主体对营商环境的
总体满意度

第一节　市场主体营商环境总体
满意度框架体系

评估组对 A 市和 C 市开展了市场主体营商环境总体满意度评估，结合两市的实际情况，设计了涵盖综合满意度、要素环境、法治环境、信用环境、政务环境、市场监管六个方面的框架体系，具体内容如下：

一、综合满意度

综合满意度评估是以市场主体在市场经济活动中涉及的各项直观因素作为评估对象，旨在更加明确地、直接地反映市场主体对权力行使提供的外部环境及其发展变化的评估。

综合满意度是一个城市营商环境的直接体现。谢红星（2019）提出检验营商环境总体情况的根本标准是综合满意度评估，要注重在一定范围内满足市场主体需求的出发点和落脚点上进行综合满意度评估。杨梦园（2021）认为综合满意度评估有利于了解营商环境的实际情况，挖掘营商环境的薄弱点，进而更好地优化营商环境，激发市场主体的活力。何翠云（2021）表示各地区开展综合满意度评估，持续优化营商环境的根本途径在于以市场主体需求为导向，以深刻转变政府职能为核心，为各类市场主体投资兴业营造稳定、公平、透明、可预期的良好环境。

综上可知，本书采用营商环境综合满意度作为评估指标，在降低外部不确定性因素上的重要价值愈发凸显，更有利于在剔除多重干扰因素的基础上直观地表达出市场主体对当下市场营商环境的看法和感受。

二、要素环境

营商环境要素环境评估主要包括当地交通运输便利度、水电气供应服务、用工成本、贷款融资等方面内容，主要衡量该地区生存、投资等影响企业或群众的根本性要素。

从交通运输便利度来看，基础设施建设是影响一个企业是否在当地开办，以及是否长久经营的重要指标。刘刚等（2019）提出，优质的硬件环境与其他要素共同构筑了吸引资本前来投资的营商环境，如果不能打造供市场主体宜居的环境，那么企业经营绩效也必然大打折扣。优化营商环境应坚持以人为本的理念，深入推进交通运输等领域的持续优化，降低市场主体的配套性生活成本。

从水电气服务来看，要营造便捷优质，市场主体满意的用水、用电、用气的营商环境，要满足市场主体需求，不断提升水电气行业服务水平。为了能提供更好的水电气服务，许多研究者选用市场主体的满意度进行分析，探索供水供气服务提质增效的环节，提出加强供水供气服务标准化建设，全面提升城市供水供气服务能力，促进用水用气持续优化，推动供水供气服务事业的良性发展（谭瑾，2021）。这将有利于减少水电气使用成本、降低水电气供应成本，有利于营造便捷优质的使用水电气的营商环境（陈敬恩，2021）。

从用工成本角度来看，企业的成本高低直接决定企业效益水平，改善企业的用工成本管理是实现企业市场竞争力提高的现实选择。杨玉杰等（2009）在当下的营商环境研究中表示，用工成本的增加是市场主体特别是中小企业面临比较大的压力来源。娄成武等（2018）表示，一个地区的人力资源氛围越好，则该地区市场主体的营商满意度越高。姚如青（2021）提出打造高效的营商环境，高质量的市场满意度氛围需要地区健全、统一、规范的人力资源市场体系，加快建立协调衔接的劳动力、人才流动政策体系和交流合作机制。对用工成本满意度的调查将会对市场主体加强自身对成本的控制和管理，优化自身劳动组织和机构，精简劳动力人才，提高自身市场竞争力具有决定性作用。

从劳动力素质水平来看，劳动力是市场主体经营发展必不可缺的重要元素，而人才更是市场主体营商环境中重要的影响因素。营商环境下对人才的吸引和保障水平将成为影响地区招商引资和优化经营氛围的重要组成部分。市场主体认为劳动力素质水平较高的地区更加有利于营商环境向好发展，地区人力资源环境对营商环境满意度有显著的正向影响。因此，对"劳动力素质水平"的满意度调研可以有效反映市场主体对地区营商环境的劳动力的认可程度（刘海睿，2020）。

从贷款融资角度来看，融资要素是企业经营发展中的重要组成部分，研究显示，以信贷支持为主的金融支持对城市营商环境满意度有显著的正向影响，信贷支持力度越大，市场主体满意度越高。刑文杰、刘彤认为具备更好的"信贷支持"的地区，将促生市场主体更多的创业、创新行动，营商环境的优化会促进更多企业家创业（刑文杰、刘彤，2015）。王小鲁（2017）认为，融资成本越低，融资支持力度越高，则城市市场主体对营商环境的满意度评估越高。对融资审批效率的研究倾向于考察地方政策与部门对企业融资协同作用的情况和贯彻政策的执行水平与能力。赵公寅（2020）认为，增强行政部门的融资服务可以为市场主体的发展奠定坚实有力的经济基础，有助于促进企业的稳定发展。

三、法治环境

法治环境评估主要包括当地企业代表合法权益保护、案件审理公证和有效执行等方面的内容，有利于弥补政府内部评估的缺失。

构建法治化营商环境是实现国家治理现代化的重要内容和举措，作为国家治理现代化的重要标志之一，营商环境建设的重要性和必要性日益凸显。法治环境评估是一个城市、一个地区提升竞争力，拉动营商环境向好发展的无形资源。沈荣华（2021）表示，一个公正、稳定、可预期的法治环境，是市场主体放心投资兴业的必要条件。王鹤等（2017）提出，如果没有完善的营商法律体系作为市场运行的前提与规范，那么市场的良性有序发展就难以得到保障。胡敏（2021）提出，在法治化方面，应建立健全营商环境法规体系，完善产权保护制度，严格规范公正文明执法。

从企业代表合法权益保护来看，依法平等保护民营企业和民营企业家的合法权益是构建法治化营商环境的重点。习近平总书记在民营企业座谈会上的重要讲话为民企保护指明了方向，"民营企业和民营企业家是我们自己人"。沈荣华（2021）认为，要对各类市场主体一视同仁，依法平等保护各类所有制企业权益。建立惩罚和赔偿机制，加大对违法违规的处罚力度，使违法者得不偿失。

从案件审理公正性来看，"有法可依，有法必依，执法必严，违法必究"应该是案件审理的基本原则。沈荣华（2021）提出，加强司法保护，重点是提升公正性和便利性，杜绝权力干预司法和地方保护，创立更加简易便捷的司法诉讼平台和程序。谢红星（2019）提出，只有产权归属清晰、权责明确、严格保护、流转顺畅，增强企业家人身及财产财富安全感，企业家才能放心投资、安心经营、专心创新发展。

从案件有效执行来看，司法判决得到执行不仅是人民法院满足人民群众多元司法需求、提升司法公信力的内在要求，更是完善营商法治环境、优化营商环境的必然要求。谢红星（2019）表示，企业对各级法院司法工作的要求不仅是在诉讼中得到公正对待、公正裁判，而且判决要得到及时、充分的执行，否则司法公正和权利保护亦只是空头支票。

综上可知，本书对企业代表合法权益保护、案件审理公证和有效执行等内容进行评估，将有助于明确市场主体对营商环境法治环境的满意度。

四、信用环境

信用环境评估主要包括政策兑现、上下游企业守信、失信惩戒等方面内容，用以衡量社会的信用环境，评估社会总体信用，可以从侧面反映某地区的投资营商环境情况。

从政府守信角度来看，市场主体才会对政府有信心，稳定的政策才具有公信力，市场主体才能放心去投资、搞创业，可以说政务诚信是评估市场信用营商环境的"风向标"。从政府营商环境优化的角度来看，政府政策能否得到兑现以及政策的兑现程度，将对营商环境市场主体满意度有非常重要的影响。政府向市场主体提供服务的过程需要给予其稳定可预期的政策环境，任何应允的政策、优惠补贴都应该及时、准确、到位。政府对市场主体应该守信，这将直接影响市场主体对政府诚信度的整体评估。

从信用建设角度来看，市场主体需要通过提高自身信用质量促进整个市场环境遵循信用机制，形成守信的信用氛围，基于此，整个市场的营商环境才能向好发展，随着信用度变高，市场主体才能增加业务活动，提升业务盈利。对该指标进行分析有助于为公共部门提供地区市场信用水平的参考，及时出台相关的信用机制政策和法规，维护良好的信用环境。

从失信惩戒机制来看，一个地区的失信惩戒标准关系到市场主体对营商环境信用水平的整体评估。谢红星（2019）提出，让守信的政务主体受到奖励，让失信的主体受到真正的惩戒，政务诚信体系才能发挥效用，不至于沦为"稻草人"。市场主体需要公共部门建立公共信用信息平台向社会公示不良信用记录的市场主体及对其处理的联合惩戒机制。市场主体需要营商环境中存在信息互联的协同监管机制对失信企业进行及时的约束，并将这些失信企业列入经营异常的名录，以减少其他企业受到干扰可能带来的损失。因此，对失信惩戒指标的获取有利于逐步形成协同监管，联合惩戒的公平、公正、高效率监管的营商环境。

综上可知，本书对当地政府政策兑现情况、企业守信经营、失信惩戒机制等内容进行评估，将有助于明确市场主体对营商环境信用环境的满意度。

五、政务服务

政务服务评估主要包括政务审批受理、政务服务平台、政府工作人员、涉企政策发布等方面内容，服务功能是政府转型、简政放权的重要内容，政务服务的评估高低关乎服务型政府建设的实际效果。

从政务审批受理来看，研究市场主体办理的高频事项满意度，优化其业务办理流程是必要的。行政审批效率情况涉及项目、材料数量情况、手续繁简程度、制度有效性等因素，通过市场主体的直接意见可以有效分析其在审批受理环节中的直观感受。根据杨涛（2015）研究发现，市场主体对营商环境优化提升中非常关注的一个方面就是简政放权和政府行政审批政策的实际情况。包翼（2020）研究认为，政府各项行政审批法规的出台有益于夯实投资者资产稳定的根基，保障市场主体营商的获得感与安全感。

从政务服务平台来看，满足企业转型发展的需要，平台是否精准定位、行政管理模式是否定期更新，对中小企业的针对性情况如何等都是衡量政务服务平台服务水平的重要参考。政务网络平台需要涵盖多功能的栏目和有利于提高信息输出输入效率的高覆盖区域一体化信息服务体系，对该项进行满意度的勘察可以有效提高政府服务效率和节约市场主体的相关交易成本。

从政府工作人员来看，工作能力与服务作风在营商环境评估体系中被持续关注。胡敏（2021）认为需要构建一个高标准的市场体系来充分激发市场主体发展活力，切实准确地把握和贯彻新发展理念。提高政务人员工作的质量是优化营商环境的首要核心竞争力。

从涉企政策发布来看，惠企政策为市场主体提供有效支持。在优化营商环境的过程中需要关注政府部门是否及时对企业进行信息的传递，是否为形成良好的营商环境机制建设而努力。

综上可知，本书对政务审批受理、政务服务平台、政府工作人员、涉企政策发布等内容进行评估，将有助于明确市场主体对营商环境政务服务的满意度。

六、市场监管

市场监管评估主要包括"双随机、一公开"，检查次数等方面内容，是对整个经济市场而言的大范围监管，市场监管部门的职责能否切实履行，执行状况等方面的评估。

国内外研究学者认为，市场监管对营商环境满意度有重要影响。印度转型国家研究院提出，有效的市场监督能够维持良好的市场秩序与公共安全，能够显著提升企业等市场主体的营商环境满意度。娄成武等（2018）提出市场监管的规范性、合规性及针对性对营商环境满意度具有正向的影响，如果市场的监管状态成劣势，那么将会造成市场主体对行政监管产生偏见。包翼（2020）提出，我国营商环境评价体系在市场监管与法治层面的评估略显单薄，存在调研方向上的盲区。李军（2021）提出，加强市场监管有利于确保服务市场主体的各项政策兑现落实，切实履行好服务企业的职责，营造良好经营环境，切实维护市场主体的合法权益，能够为市场主体的健康发展创造条件。因此，对市场监管满意度的分析可以有效掌握当下市场主体对市场监管实际状况的评价水平。

"双随机、一公开"即在监管过程中随机抽取检查对象，随机选派执法检查人员，抽查情况及查处结果及时向社会公开。主要是将区域部门多个检查事项纳入"双随机、一公开"清单，并将执法人员纳入随机执法人员名录库，把多个监管对象纳入随机检查名录库，实现部门、事项、领域随机抽查100%。"双随机、一公开"是国务院办公厅于2015年8月发布的《国务院办公厅关于推广随机抽查规范事中事后监管的通知》中要求在全国全面推行的一种监管模式。"双随机、一公开"的全面推广将为科学高效监管提供新思路，为落实党中央、国务院简政放权、放管结合、优化服务改革的战略部署提供重要支撑。

"检查次数"是指对监管过程中检查的次数与频率，一般根据企业的性质和安全状况来确定，低风险的生产经营单位加上良好的安全管理水平，检查次数就会较少。检查次数对于市场主体的经营活动有一定影响，过多会造成市场主体的负担，过少会给社会带来一定的安全隐患。因此，检查次数的合理性对市场监管来说较为重要，应有序合理安排监管执法活动。

综上可知，本书对"双随机、一公开"和检查次数等内容进行评估，将有助于明确市场主体对营商环境市场监管的满意度。

第二节　市场主体营商环境总体满意度分析结果

A市市场主体对营商环境市场监管的满意度得分最高，为85.28分，对营商环境要素环境的满意度得分最低，为79.68分；C市市场主体对营商环境政务服务的满意度得分最高，为93.13分，对营商环境信用环境的满意度得分最低，为 87.19 分。具体满意度评估情况如图 4-1、图 4-2 所示。

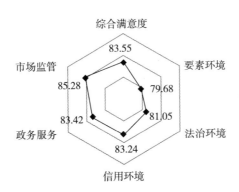

图 4-1　A 市营商环境总体满意度得分

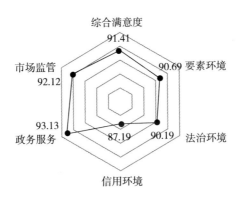

图 4-2　C 市营商环境总体满意度得分

从整体来看，A 市相对于 C 市的营商环境总体满意度较低。因此，课题组对于 A 市市场主体营商环境评估的各个方面设置了更加具体的题项，深入挖掘背后问题及原因，具体如下：

一、综合满意度

首先评估的内容是市场主体对本地区营商环境的总体满意度情况。分析结果显示，A市市场主体的综合满意度得分为83.55分，从整体角度出发，无须设置具体题项。

二、要素环境

分析结果显示，A市市场主体营商环境要素环境满意度得分为79.68分，分别从交通运输便利程度、水电气供应、用工成本、劳动力素质水平、融资贷款等方面设置具体题项。其中，"水电气供应"满意度得分最高，为85.12分；"劳动力素质水平"满意度得分最低，为75.73分。市场主体对营商环境要素环境满意度评估情况如表4-1所示。

表4-1　要素环境满意度得分情况

题项	得分
对本地区交通运输便利程度的满意度	79.30
对本地区水电气供应的满意度	85.12
对本地区用工成本的满意度	78.63
对本地区劳动力素质水平的满意度	75.73
银行办理贷款时资格审查要求很合理	79.81
银行贷款的审批效率很高	79.50
平均值	79.68

此外，通过调研还发现，A市市场主体对生态环境、交通环境、用工环境等要素环境关注度较高。在调研过程中，多数市场主体反

映一些工业园区、产业园区周围交通极为不便利，很大程度上影响着当地的用工环境，甚至有受地域限制的地区从而影响交通、物流业发展的现象。另外，调研发现，生活配套设施的缺失、季节性高消费是人才流失的主要原因。要素环境是一个城市最重要的硬环境，是具有物质形态的要素，如区位优势、基础设施、自然资源等，它是招商引才的物质基础，失去了它，营商环境建设就成了无源之水、无本之木。

三、法治环境

分析结果显示，A 市市场主体营商环境法治环境满意度得分为81.05 分，分别从保护企业合法权益、法院审理案件公平公正、判决的案件有效执行等方面设置具体题项。其中，"保护企业合法权益"满意度得分最高，为82.06 分；"判决的案件有效执行"满意度得分最低，为79.80 分。市场主体对营商环境法治环境满意度评估情况如表4-2 所示。

表4-2　法治环境满意度得分

题项	得分
保护企业合法权益	82.06
法院审理案件公平公正	81.29
判决的案件有效执行	79.80
平均值	81.05

此外，通过问卷调查和实地调研还发现，A 市市场主体反映也存在部分已判决案件无法有效执行及法院审理案件有失公平的问题。调查结果体现出各级法院在公开透明办案这一问题上有待加强，解

决"执行难"这一问题的长效机制仍然存有缺陷，案件执结率不高，执行案件中各部门的协调配合度欠佳。

四、信用环境

分析结果显示，A 市市场主体营商环境中信用环境满意度得分为 83.24 分，分别从政策兑现、企业守信、失信惩戒等方面设置具体题项。其中，"上下游企业守信经营"满意度得分最高，为 85.86 分；"优惠政策如期兑现"满意度得分最低，为 81.11 分。市场主体对营商环境信用环境满意度评估情况如表 4-3 所示。

表 4-3　信用环境满意度得分

题项	得分
优惠政策如期兑现	81.11
上下游企业守信经营	85.86
失信惩戒做得好	82.74
平均值	83.24

调查结果显示，A 市市场主体表示政府信用建设与失信惩戒方面尚需加强。政府在部分优惠政策的落实兑现上存在信任危机，其在信用社会大环境建设中的作用并未完全发挥出来。当前，恶意拖欠银行债务、抽逃出资、商业欺诈、制假售假等现象频频出现，处罚力度不够、失信惩戒未完全落实，就会严重影响市场经济的健康发展。

五、政务服务

分析结果显示，A 市市场主体营商环境政务服务满意度得分为

83.42 分，分别从审批效率、容缺受理、政务服务网、工作人员办事能力、工作人员工作主动性、涉企政策信息发布等方面设置具体题项。其中，"对政务服务网满意度"满意度得分最高，为 83.88分；"工作人员工作主动性"满意度得分最低，为 83.32 分。市场主体对营商环境政务服务满意度评估情况如表 4-4 所示。

表 4-4 政务服务满意度得分

题项	得分
政府审批效率高	82.83
容缺受理	83.42
对政务服务网满意度	83.88
政府工作人员办事能力	83.59
工作人员工作主动性	83.32
涉企政策信息发布情况	83.49
平均值	83.42

调查结果显示，A 市市场主体认为政务进网有利于政府信息公开，也更利于保障公众利益，更加便捷有效地服务市场主体。但市场主体对工作人员工作主动性的满意度较低，在政府部门办事时，有些工作人员虽然可以一次性告知办事者需要准备哪些材料，但尚存政务部门工作人员不主动提供咨询或告知信息不准确的现象，工作主动性欠缺，主动服务意识有待提升。

六、市场监管

分析结果显示，A 市市场主体营商环境中市场监管满意度得分为 85.28 分。其中，"检查次数减少"满意度得分较高，为 85.53

分；"双随机、一公开"满意度得分较低，为85.03分。市场主体对营商环境市场监管满意度评估情况如表4-5所示。

表4-5 市场监管满意度得分

题项	得分
双随机、一公开	85.03
检查次数减少	85.53
平均值	85.28

调查结果显示，A市市场主体对"双随机，一公开"与检查次数均较为满意，市场监管部门基本能做到依法监管。但监管制度仍需完善，避免以旧制度来规范新企业、监管制度不切合企业实际情况等问题；减少多层管理、推诿不管的现象，规避监管流于形式、监管力度低与监管标准不严格等严重影响企业经营的情况。

第五章
市场主体对营商环境专项建设工作的满意度

第一节 开办企业

一、"开办企业" 指标与改革实践

开办企业指标是世界银行营商环境评估指标，也是中国营商环境评估指标。世界银行《营商环境报告》中的开办企业指标记录一位企业家要开办并正式运营一个工业或商业企业时，官方正式要求或实践中通常要求的所有手续，完成这些手续所需的时间和费用，以及最低实缴资本。这些手续包括企业家们为获取所有必要的执照和许可并完成企业及员工应向相关主管机关作出的通知、验证及注册所经历的程序。经济体开办企业便利度排名由它们的分数排序决定。这些分数为其构成指标的分数的平均值。

如表5-1所示，世界银行开办企业评估指标共包含开办企业手续、开办企业时间、开办企业成本、开办企业最低实缴资本四

个二级指标，为了推进开办企业工作，国家发展改革委在中国营商环境开办企业评估指标中增设了开办企业便利度指标，该指标主要评估优化办理流程、推进电子化、数据共享、提升便民服务质量等情况。

表 5-1　世界银行"开办企业"指标评估体系

评估指标	指标说明
开办企业手续	企业创始人与外部人员或者配偶之间的任何互动 在同一个建筑物但在不同办公室或柜台内完成的手续算作不同的手续。多次访问同一个办公室以办理不同顺序的手续，每一次访问都要单独计算
开办企业时间	该指标取创业咨询律师指出的完成一个手续所需时间的中值。假设每个手续要求的最短时间是 1 天，可在网上完整完成的手续要求最短时间为半天
开办企业成本	包括所有的官方费用，以及法律所要求的法律或专业人士的服务费，如果这项服务是法律要求的或者在实践中被广泛应用的
开办企业最低实缴资本	在登记注册之前以及公司成立后 3 个月内企业家需要存入银行或交给第三方的款数 该款项的数额一般由商业规范或公司法规定

为了优化开办企业营商环境，提升国际竞争力，国家推出了一系列改革措施。2019 年，《中国人民银行关于取消企业银行账户许可的通知》《市场监管总局等五部门关于持续深化压缩企业开办时间的意见》印发，要求各省、自治区、直辖市在 2019 年底前取消企业银行账户许可，引导公章刻制价格趋于合理，压缩办理时间。2020年，市场监管总局、国家发展改革委、公安部、人力资源和社会保障部、住房和城乡建设部、税务总局六部门联合发布《市场监管总局等六部门关于进一步优化企业开办服务的通知》，从全程网上办、缩短开办时间、推进电子化三个方面提出九条措施，优化企业开办

服务，要求在 2020 年底前，企业开办实现全程网上办理，开办时间缩至四个工作日以内，继续推行增值税电子普通发票，积极推进增值税专用发票电子化，并鼓励具备条件的地方免费向新开办企业发放税务 Ukey。

2020 年，辽宁省印发《辽宁省市场监督管理局等七部门关于进一步做好优化企业开办服务工作的通知》，要求切实提升服务功能，完善企业开办"一网通办"平台，做到全程网上可办，优化线下服务，具备条件的地方实现办齐的材料线下"一个窗口"一次领取，进一步压减企业开办时间、环节和成本，大力推荐电子营业执照、电子发票、电子印章应用。

2020 年，吉林省印发《关于进一步优化企业开办服务的意见》，要求进一步深化线上线下融合服务，实现企业开办"一次办""随时办"，依托吉林省市场主体"e 窗通"系统（以下简称"e 窗通"系统），申请人一次身份验证后，通过"e 窗通"系统"一表填报"，企业登记、刻制公章、申领发票、企业单位参保登记、员工登记、住房公积金企业缴存登记和银行开户等企业开办环节线上"一网通办"，所有手续线下"一窗领取"。2020 年底前，将全省企业开办时间全面压缩至 1 个工作日之内，鼓励有条件的地区实现企业开办免费办理；2021 年底前，实现全省企业开办全部免费。2021 年，《吉林省人民政府办公厅关于印发吉林省营商环境优化提升实施方案（2021）的通知》要求，持续优化企业开办，全面提升企业从设立到经营便利度。推动企业开办迈进"1"时代，即将企业登记、刻制公章、申领发票、企业单位参保登记、员工登记、住房公积金企业缴存登记等开办事项整合为 1 个环节办理，开办时间全面压缩至 1 个工作日以内。全面推行"一网通办"，营业执照、印章、发票和税控设备等全部手续线下"一窗领取"。实现企业开办"零成本"。鼓励各地区全面推行企业开办全免费服务，企业刻制公章费用由政府支付，税务部门免费向新开办企业发放数字证书 Ukey，2021 年底前实现企业开办全免费办理，推动企业"无纸化"经营，简化企业注销流程。

在营商环境评估及各项改革措施推进下，东北地区的营商环境不断优化，开办企业营商环境取得一定成效。然而，世界银行开办企业评估标准主要关注流程、效率，为了更直观地体现营商环境建设的成效，在推行的各项改革措施中，一些政府部门重点围绕世界银行指标，强调流程少、时间短，着力提高审批监管的效率，甚至有时出现过于追求审批环节最少、审批时间最少的现象，造成与市场主体的切身感受存在一定的偏差，企业对此获得感不强。对于市场主体来说，一些优化营商环境的举措并非十分重要，如企业开办是否一日办结等。因此，营商环境评估工作要以市场主体满意度为导向，着力发现市场主体反映强烈的痛点、难点和堵点问题，进而推进体制机制改革，对于打造良好的营商环境具有重要的现实指导意义。本次评估通过对市场主体满意度进行调查分析，以市场主体的角度来评估开办企业营商环境。

二、"开办企业"满意度分析

本次评估从"开办企业的总体满意度""办理新进人员社保登记业务""办理新进人员公积金开户""办理企业税务登记和领取发票业务""市场主体登记全程电子化平台""商业银行开设企业基本账户""刻章费用"七个方面分别对 A 市、C 市"开办企业"专项指标进行满意度调查，通过数据分析得出市场主体对"开办企业"各环节及总体满意度得分，具体情况如表5-2所示。

表5-2　A市、C市"开办企业"市场主体满意度情况

单位：分

序号	题项	A市	C市
1	企业对本地区开办企业的总体满意度	88.70	90.67
2	企业对本地区办理新进人员社保登记业务的满意度	89.60	95.83
3	企业对本地区办理新进人员公积金开户的满意度	87.97	91.76
4	企业对本地区办理企业税务登记和领取发票业务的满意度	93.24	91.54
5	企业对本地区市场主体登记全程电子化平台的满意度	91.05	91.33
6	企业对本地区各商业银行开设企业基本账户的满意度	90.55	89.23
7	企业对本地区刻章费用的满意度	84.52	85.71

根据"开办企业"指标全流程对每个环节进行用时调查。结果显示，超过40%的市场主体表示在本地区开办企业用时为2~3天，具体情况如表5-3所示。

表5-3　A市、C市"开办企业"全流程用时

单位：%

地区	开办企业全流程用时				
	1天	2~3天	4~5天	6天及以上	不清楚
A市	21.75	40.88	12.86	9.43	15.08
C市	30.00	46.70	6.70	13.30	3.30

市场主体对"开办企业"存在问题的定量分析结果代表对"开办企业"各环节的主观感受，"开办企业"存在问题的定量分析主要从市场主体在开办企业过程中的实施成本（这一成本不仅包含经济成本等显性成本，也包含时间成本、机会成本等隐性成本）、便利

度等方面进行，具体情况如表5-4所示。

表5-4　A市、C市市场主体认为本地区"开办企业"存在的问题情况

单位:%

序号	存在的问题	A市	C市
1	市场主体登记全程电子化平台不稳定	14.29	20.00
2	企业在开办过程中存在重复或多提交材料的现象	8.40	13.30
3	企业名称预先核准烦琐	8.40	10.00
4	市场主体登记全程电子化登记平台退回预审或审核没解释原因及告知如何修改	10.08	3.30
5	刻制印章、取印章需要多次跑动	0.84	3.30
6	无问题	5.88	66.70

从定量分析结果中可以看出，A、C两市市场主体表示"市场主体登记全程电子化平台不稳定""企业名称预先核准烦琐""市场主体登记全程电子化登记平台退回预审或审核没解释原因及告知如何修改"三类关于电子化建设的问题较为突出，此外"企业在开办过程中存在重复或多提交材料的现象"也比较突出。

通过整理、分析A、C两市定性调研材料，市场主体反映的问题主要有以下几方面：

第一，全程电子化建设有待完善。有企业代表反映市场主体登记全程电子化平台存在使用不够便捷、提示不够清晰、网络平台不够稳定等现象。另外，多数市场主体反映实行全程电子化网上办理后，很多业务办理的实际体验感尚有待提升，无形中增加了很多工作量，从而降低了企业的获得感。

第二，工作人员业务能力有待提升。政务服务大厅是政府的对外窗口，工作人员的业务能力、服务水平无形中代表着当地政府部

门的外在形象。根据调研结果，部分地区工作人员自主服务意识还有待提高。另外，工作人员不能一次性告知，造成往返跑动现象较为突出，业务水平仍有待提升。

第三，办理流程有待进一步简化并提升便捷性。调研显示，办理业务教程有待完善，以免造成部门间相互跑动。办理环节有待压缩和简化。另外，部分业务存在线上线下或市区两级重复办理现象，如 C 市劳动用工备案环节在市里备案后还需到区里备案。

根据上述分析结果可以看到，在对东北地区 A、C 两市进行"开办企业"全流程用时的调查结果中，超过 40% 的市场主体表示 2~3 天就可以完成"开办企业"全流程办理事项；但在定量与定性分析结果中，仍有多数市场主体表示线上办理的体验感不如以前。可见，一味追求环节、时间的压缩并不能必然提升市场主体满意度。另外，在评估过程中发现，多数市场主体在开办企业过程中更注重的是整体环节的流畅度、清晰度、便捷度，而不单单追求办理环节、办理次数、办理时间等的缩减。因此，政府部门应在原有的营商环境建设内容的基础上多倾听市场主体的感受与声音，让市场主体需求真正融入营商环境建设，真正实现以市场主体满意度为导向的营商环境建设目标。

近年来，东北三省的经济增速放缓，地区生产总值增速在全国排名靠后，经济体量在全国的占比也逐步下降。新增市场主体少是当前东北地区面临的突出问题。2021 年 6 月，李克强总理在吉林省考察时强调要更大力度推进改革开放，培育壮大更多市场主体，增强经济发展动力。因此，东北地区还要切实改善企业开办的各个环节，有效增加市场主体数量。

第二节　办理建筑许可

一、"办理建筑许可"指标与改革实践

办理建筑许可指标既是世界银行营商环境指标体系的重要组成部分，也是中国营商环境评估指标之一。世界银行《营商环境报告》中办理建筑许可指标记录建筑行业的企业建设一个仓库需要办的所有手续及各项手续所需的时间和费用。除此之外，《营商环境报告》还衡量建筑质量控制指数，评估建筑规章的质量，以及质量控制与安全机制、责任与保险制度和执业资格要求的力度。信息是以问卷形式从建筑许可方面的专家那里收集的，包括建筑师、土木工程师、建筑咨询律师、建筑公司、公用事业服务提供商以及办理建筑法规相关手续（包括审批、颁发许可和检查）的政府官员。办理建筑许可证便利度排名由它们分数的排序决定。这些分数是其各个分指标分数的简单平均值。

世界银行办理建筑许可评估指标包含办理建筑许可手续、办理建筑许可时间、办理建筑许可成本、建筑质量控制指数四个二级指标（见表5-5）。在此基础上，中国营商环境评估体系增加便利度指标。

表 5-5　世界银行"办理建筑许可"指标评估体系

评估指标	指标说明
办理建筑许可手续	公司的员工或管理人员，或者公司代表与外部人员之间的任何互动，外部人员包括政府机构、公证人员、土地登记部门、地籍管理机关、公用设施公司、公共检查人员，以及聘请的外部私营检查人员和技术专家

续表

评估指标	指标说明
办理建筑许可时间	时间是按照日历天数记录的。该指标采用了当地专家们指出的实际当中办完手续所需要时间的中值。这里假设每个手续所需的最少时间为 1 天。但对那些可以在网上完整完成的手续，要求的最短时间为半天
办理建筑许可成本	成本按照仓库价值（假设为人均收入的 50 倍）的百分比记录。只记录正式费用。为完成依法建设仓库有关的所有手续而支付的费用全部都要记录，包括获得土地使用审批和施工前设计许可的费用；施工前、施工时和竣工后接受检查的费用；接通公用设施的费用以及在财产注册处登记仓库的费用
建筑质量控制指数	建筑法规质量
	施工前质量控制
	施工中质量控制
	施工后质量控制
	责任和保险制度
	专业认证指数

　　为了优化办理建筑许可营商环境，提升国际竞争力，国家推出了一系列改革措施。2019 年，《国务院办公厅关于全面开展工程建设项目审批制度改革的实施意见》《国务院办公厅关于印发全国深化"放管服"改革优化营商环境电视电话会议重点任务分工方案的通知》发布，进一步对压缩审批时间提出要求，制定城市工程建设项目审批事项清单，制定全国统一的工程建设项目审批流程图示范文本，实行联合审图和联合验收，推行区域评估和告知承诺制，构建"多规合一"的"一张蓝图"，设立工程建设项目审批综合服务窗口，实现"一个窗口"提供综合服务，整合申报材料，实行"一份办事指南、一张申请表单、一套申报材料完成多项审批"的运作模式，建立健全审批配套制度，"一套机制"规范审批运行。2020 年，住房和城乡建设部印发《工程建设项目审批管理系统管理暂行办法》及《关于进一步深化工程建设项目审批制度改革推进全流程在线审

批的通知》，要求进一步优化审批流程、加强项目前期策划生成和区域评估、精简规范技术审查和中介服务事项、优化市政公用服务程序、细化项目分类和改革措施、推行"清单制+告知承诺制"审批改革、推进工程建设项目审批全程网上办理、加强审批全过程信息共享、提升网上审批服务便利度。

2019 年，辽宁省《关于进一步优化安全许可即时办理事项工作流程的通知》印发，要求按照"企业在线申报、市里即时核验、省里统一发证"的办理模式，建筑施工企业人员不再需要携带材料到省政务服务中心（以下简称省大厅）窗口办理相关业务，优化为直接从省建筑安全监督管理信息系统（以下简称系统）上传材料，由市级主管部门即时核验，省大厅审核后统一发放新证，真正实现"让企业少跑腿，让数据多跑路"。

2021 年，《吉林省人民政府办公厅关于印发吉林省营商环境优化提升实施方案（2021）的通知》发布，要求深化工程建设项目审批制度改革，推进办理建筑许可效率提升，进一步规范工程建设项目审批流程，强化全流程线上审批和"不见面"审批，深化社会投资小型低风险项目改革。实行"一站式办理施工许可"、施工过程中一次性开展"联合监督检查""一站式办理竣工验收"，低风险工业类项目全流程通过省工程建设项目审批管理系统进行在线审批，实现从立项到竣工验收全流程审批时间压缩至 17 个工作日以内，办事环节缩减到 2 个，办事成本和材料进一步减少；提高建筑质量控制水平，加强施工前、施工中、施工后质量控制，加强从业人员专业化水平管理。

在营商环境评估及各项改革措施推进下，东北地区的营商环境不断优化，办理建筑许可营商环境取得一定成效。然而，世界银行办理建筑许可指标的评估标准为办理环节、时间、成本及建筑质量指数。在办理建筑许可指标中，各地重点围绕减流程、压时间推出了诸多改革措施。但是，由于办理建筑许可指标的复杂性，很多办事环节和办理时限都有明确的法律规范要求，难以直接缩减，各地主要通过并联办理来实现目标。但是，由于目前政府各部门高效协同实现程度不高，实际达到的效果与市场主体的切身感受存在一定的偏差。因此，营商环境评估要以提高市场主体满意度为导向，关注市场主体的切实需求，着力发现市场主体反映强烈的痛点、难点和堵点问题，切实有效地制订指标优化方案。

二、"办理建筑许可"满意度分析

本次评估围绕办理建设工程项目审批各阶段的审批效率、"帮办代办服务"、"审批窗口人员业务能力"等方面分别对 A 市进行"办理建筑许可"专项指标满意度调查。通过数据分析，得出市场主体对于"办理建筑许可"各环节及总体满意度得分，具体评估情况如表 5-6 所示。

表 5-6　A 市"办理建筑许可"市场主体满意度情况

序号	题项	A 市
1	企业对在本地区办理建设工程项目审批的总体满意度	92.27
2	企业对本地区立项用地阶段审批效率的满意度	93.84
3	企业对本地区竣工验收阶段审批效率的满意度	93.72
4	企业对本地区帮办代办服务的满意度	94.36
5	企业对本地区工程规划阶段审批效率的满意度	94.59
6	企业对本地区施工许可阶段审批效率的满意度	94.41
7	企业对本地区工程审批窗口人员业务能力的满意度	93.60

根据定量分析结果可以看出，A市"企业对本地区工程规划阶段审批效率的满意度"评分最高（94.59分），"企业对在本地区办理建设工程项目审批的总体满意度"得分最低（92.27分）。

对于A市"办理建筑许可"存在问题的定量分析主要从市场主体在办理建筑许可过程中的实施成本、便利度水平等方面进行，具体情况如表5-7所示。

表5-7　A市市场主体认为本地区"办理建筑许可"存在的问题情况

单位：%

具体问题	A市
投资项目立项审批困难	1.20
办理手续要在市本级和区（县）两级审批，需要往返跑	19.28
办理土地审批手续较为困难	4.80
图纸审查烦琐	9.64
环评手续复杂	2.41
人防审查烦琐	4.82
消防验收较为困难	9.64
公用设施连接困难	9.64
需要的中介评估事项多时间长	2.41
中介服务事项收费高	4.82
不清楚业务办理的先后顺序，需要多次跑	12.05
工程建设项目并联审批系统不稳定，需要反复上传	—
以上都没有	60.24

从定量分析结果中可以看出，A市市场主体表示"办理手续要在市本级和区（县）两级审批，需要往返跑"及"不清楚业务办理的先后顺序，需要多次跑"的问题较为突出，其次是"图纸审查烦琐""消防验收较为困难""公用设施连接困难"。总而言之，A市

"办理建筑许可"存在的问题主要是有关项目审批类和成本类的。

第一，审批职能调整过程中存在偏差。调研发现，政府部门存在项目审批上没有政策解读的情况，没有根据当地实际情况执行政策，从而导致了企业成本的增加。而且，由于正在推进消防转隶、审批权责调整等改革，部分审批事项的权责划分不够明确，办理建设工程项目的审批权限未能及时调整，从而导致企业有时找不到相关部门、人员解决问题，无形中延长了项目的办理时间。

第二，中介服务事项收费较高、事项较多、时间偏长。调研发现，建筑许可办理过程中需要中介评价的事项较多、时间偏长，企业的审批流程过于复杂，从而增加了业务办理的时间成本；而且，中介服务事项的收费过高，给企业经营者带来不小的流程费用。

第三，审批人员业务熟练度有待提升，应一次性告知申请材料。调研发现，项目审批中对接的审批人员需要及时的业务培训，部门间协调能力也有待提高，业务办理能力不足和各流程的效率不高导致企业常常需要来回跑，徒增交易成本。

尽管世界银行、国家发展改革委在营商环境上重点关注审批时间、审批效率和成本，国家层面及地区政府也在这几项上均采取了大量的改革措施，但从市场主体的满意度及问题反馈上来看，市场主体对于审批效率满意度仍有待进一步提高，其反映的问题也不仅是时间、效率、成本的问题，还有有关工作人员业务熟练度、企业办理业务跑动次数、中介服务事项收费情况等不在世界银行指标考核范围内的问题。因此，在推进营商环境建设的过程中，要重点关注企业的诉求，切实解决企业反映出来的现实问题。

第三节　纳税

一、"纳税"指标与改革实践

世界银行《营商环境报告》中的纳税指标记录一家中型企业在某一特定年份内必须缴纳的各种税项和强制性派款，也衡量因纳税与支付派款以及进行税后合规而产生的行政负担。这个项目是与普华永道合作开发和实施的。该指标所考察的税项和派款包括利润或企业所得税、雇主缴纳的社会派款和劳务税、财产税、财产转让税、股息红利税、资本收益税、金融交易税、垃圾税、车辆和道路税及任何其他小额的税或费。经济体纳税便利度排名取决于其在纳税方面的分数的排序。这些分数为各个分指标的分数的简单平均值。在世界银行营商环境评估指标体系中，"纳税"评估指标包含办理缴税、时间、税及派款总额、报税后流程四个二级指标（见表5-8）。

表5-8　世界银行"纳税"指标评估体系

评估指标	指标说明
缴税	反映的是企业运营第二年期间所缴纳的税项和派款的总数、支付方法、支付频率、申报频率及所涉及的机构数量，其中包括企业所预扣代缴的税种，如营业税、增值税或雇员缴纳的劳务税
时间	时间按每年的小时数记录 衡量的是准备、申报和缴纳三种主要税项和派款所需要的时间，这三种主要税项和派款为：企业所得税、增值税或营业税及劳务税，其中包括工资税和社会派款。准备时间包括收集应纳税额所需的一切信息以及计算应缴金额所需要的时间

续表

评估指标	指标说明
税及派款总额	以占商业利润百分比记录 衡量的是企业在运营第二年所负担的税项和强制性派款的额度，以占商业利润的份额表示 企业所负担的总税额，为允许抵扣和减免以后的所有应缴税和派款的总和 税及派款总额旨在对企业负担的所有的纳税成本进行全面测量
报税后流程	增值税退税合规时间 时间用小时记录，包括企业申报增值税退税的过程耗时、增值税审计的过程耗时
	获得增值税退税时间 时间用周记录，衡量企业从提交申请的时刻到最终收到增值税退税的总体等待时长
	企业所得税审计合规时间 时间用小时记录，包括企业告知税收部门差错，报税修正和支付额外款项的过程耗时，以及企业所得税申报修正合规流程耗时
	完成企业所得税审计时间 时间用周记录，衡量企业从税务部门收到企业所得税申报表存在错误的通知到审计开始的等待时长

为了优化办理建筑许可营商环境，提升国际竞争力，国家推出了一系列改革措施。2019 年，《国务院办公厅关于印发全国深化"放管服"改革优化营商环境电视电话会议重点任务分工方案的通知》及《国家税务总局关于进一步简化税务行政许可事项办理程序的公告》发布，将对纳税人延期申报的核准、增值税专用发票（增值税税控系统）最高开票限额审批、采取实际利润额预缴以外的其他企业所得税预缴方式的核定审批时限压缩至 10~15 个工作日内，将对纳税人变更纳税定额的核准审批时限压缩至 15~20 个工作日内，要求 2019 年底前建成全国统一的电子发票公共服务平台，将纳税人办税事项、纳税时间再减压 10%，70%以上办税事项实现"一

次办结"。

2020 年，《国务院办公厅关于印发全国深化"放管服"改革优化营商环境电视电话会议重点任务分工方案的通知》发布，要求简化税费优惠政策适用程序，利用大数据等技术甄别符合条件的纳税人、缴费人，精准推送优惠政策信息。督促中央执收单位和各地区加强非税收入退付管理，确保取消、停征、免征及降低征收标准的收费基金项目及时落实到相关企业和个人。

2021 年，吉林省《吉林省人民政府办公厅关于印发〈吉林省营商环境优化提升实施方案（2021）〉的通知》发布，全面落实纳税服务举措，持续优化税收环境。缩短纳税时间。加快推进财产行为税一体化纳税申报和城市维护建设税与增值税、消费税的合并申报，推进一网办税，通过合并申报、网上办理、系统整合等举措，推动企业办理纳税时间减少 10%。大力推进电子税务局建设，到 2021 年底主要涉税服务事项 90%实现网上办理，2022 年底前，纳税人年度纳税时间压缩到 100 小时以内。降低税费负担，完善报税后流程。全面落实增值税增量留抵退税政策。

2020 年，《黑龙江省关于进一步深化税收征管改革实施方案》印发，要求与推进黑龙江省"十四五"规划实施和法治黑龙江、数字政府、智慧政务建设相结合，着力建设以服务纳税人缴费人为中心、以发票电子化改革为突破口、以税收大数据为驱动力的智慧税务，深入推进精确执法、精细服务、精准监管、精诚共治。

在营商环境评估及各项改革措施推进下，东北地区纳税营商环境优化取得一定成效。但是需要注意的是，世界银行的纳税指标重点在于比较不同经济体的税收制度，不宜直接用于进行国内不同城市间的比较。在当前中国的税收管理体制中，不同城市执行的税收政策是基本一致的，因此更需要关注本地市场主体对税收征管政策和税务部门各项政务服务的意见和建议。

二、"纳税"满意度分析

本次评估从"税务服务的总体满意度""税务部门检查工作""办理退税业务""工作人员业务能力""税务部门办事效率""税收优惠政策落实"及"电子税务局的使用"七个方面分别对 A、C 两市开展了关于纳税的市场主体满意度评价。通过对数据进行分析，A市、C 市市场主体对本地区纳税的具体评价情况及存在的问题情况如表 5-9、表 5-10 所示。

表 5-9　A 市、C 市"纳税"市场主体满意度情况

单位：分

序号	题项	A 市	C 市
1	企业对本地区税务服务的总体满意度	97.65	96.00
2	企业对本地区税务部门检查工作的满意度	92.08	98.00
3	企业对在本地区办理退税业务的满意度	92.89	97.24
4	企业对税务部门工作人员业务能力的满意度	93.08	96.67
5	企业对税务部门办事效率的满意度	94.50	96.00
6	企业对税收优惠政策落实的满意度	93.02	95.17
7	企业对本地区使用电子税务局的满意度	91.83	91.33

表 5-10　A 市、C 市受访企业认为本地区"纳税"存在的问题情况

单位：%

序号	存在的问题	A 市	C 市
1	电子税务局系统不稳定	35.51	43.3
2	电子税务局报表取数不智能，手工填写项目过多	13.08	30.0

续表

序号	存在的问题	A 市	C 市
3	电子税务局退回预审或审核没解释原因并告知如何修改	5.61	10.0
4	办税服务厅等待时间长	7.48	10.0
5	电话咨询渠道不便捷、不畅通	8.41	6.7
7	申请享受疫情防控税费优惠政策的业务办理比较烦琐	5.61	—
8	疫情期间，"非接触式"办税模式没有现场办税直观、方便	5.61	—
9	税收优惠政策解读不到位	—	10.0
10	无问题	55.14	46.7

由 A 市调查数据分析结果可以看出，企业对 A 市税务服务的总体满意度较高，得分为 97.65 分；从不同题项来看，企业对税务部门办事效率的满意度最高，其次是对税务部门工作人员业务能力的满意度，而企业在本地区使用电子税务局的满意度最低。由 A 市受访企业认为纳税存在的问题数据分析结果可以看出，受访企业选择"电子税务局系统不稳定"的比例最高，达 35.51%；其次是"电子税务局报表取数不智能，手工填写项目过多"，占 13.08%。可见，A 市"电子税务局系统不稳定"及"电子税务局报表取数不智能，手工填写项目过多"的问题很大程度上影响了 A 市企业对本地区使用电子税务局的满意度。

由 C 市调查数据分析结果可以看出，企业对 C 市税务服务的总体满意度也较高，得分为 96 分；从不同题项来看，企业对本地区税务部门检查工作的满意度最高，其次是企业对在本地区办理退税业务的满意度，企业在本地区使用电子税务局的满意度最低。由 C 市受访企业认为纳税存在的问题数据分析结果可以看出，受访企业选择"电子税务局系统不稳定"的比例最高，达 43.3%；其次是"电子税务局报表取数不智能，手工填写项目过多"，占 30%。同 A 市一样，C 市"电子税务局系统不稳定"及"电子税务局报表取数不智能，手工填写项目过多"的问题也在很大程度上影响了 C 市企业对本地区使用电子税务局的满意度。

通过对调研获得的定性材料进行汇总整理，受访企业反映纳税服务方面存在的主要问题如下：

第一，电子税务局系统不稳定、电子税务局系统有待优化及电子税务局运用有待简化等。C 市电子税务局存在不稳定现象，办理时易掉线或者卡住无法上传，影响工作效率；使用电子税务局系统办理业务时，有时上传完成后税务部门还是收不到，需要进行优化；用电子税务局办理申报社保的流程不顺畅，有时用户想打印相关文件打印不出来；电子税务局系统运用起来不够简便，登录过程较复杂且系统不够稳定，有待优化。

第二，税务部门窗口不够多、排队等待时间偏长等。小额清税复盘较复杂，需要找办税人员重新清查或拿到相关公司委托其他人弄，如果税盘在税务部门直接办的话等待时间偏长，受访企业希望清税方面能更快捷，目前税务部门窗口不够多，增加了等待时间。

第三，税收优惠政策宣传力度有待提高。优惠政策的宣传度有待提高，目前基本是从朋友熟人口中得知相关政策。

第四，业务衔接不畅。受访企业反映，在社保归税务部门管理之后，在办理相关业务时，若咨询社保部门，一般会让用户咨询税务部门，但税务部门对此不够了解，容易产生偏差。

此外，还有发票张数不够、额度偏低、电子发票有待进一步推广、打印财务报表便捷度有待提高等问题。受访企业表示，希望发票张数多一点，额度稍微高点。A 市有受访企业反映，电子发票的电子章有待进一步普及、打印报表流程需要优化和简化。

综合以上分析，A、C 两市对电子税务局的满意度评价分数均较低，市场主体反映关于电子税务局的问题较为突出，如电子税务局系统不稳定及运用不够简便，电子税务局报表取数不够智能、手工填写项目过多等。电子税务局是改革发展的重点项目，但还是存在诸多影响市场主体办事体验的问题。此外，还存在税务部门窗口不够多、排队等待时间偏长、税收优惠政策宣传力度有待提高、业务衔接不畅等问题，这些问题均会影响市场主体对纳税服务的满意度，在下一步的工作中要着力加以解决。

第四节　政府采购

一、"政府采购"指标与改革实践

世界银行在《2020 年营商环境报告》中新设指标为"Contracting with the government"（"政府采购"），目前尚未公布该指标数据，世界银行评估体系中的"政府采购"指标对应的是中国营商环境评估体系中的"招标投标"指标。中国营商环境评估体系中的"政府采购"指标与世界银行评估体系中的"政府采购"指标有所不同。本章的"政府采购"指标是指各级国家机关、事业单位和团体组织，使用财政性资金采购依法制定的集中采购目录以内的或者采购限额标准以上的货物和服务类产品的行为。

中国营商环境评估体系中的"政府采购指标"主要衡量参评

城市的政府采购平台建设水平、流程规范性，以及企业进入公共采购市场的难易程度，包括电子采购平台、采购流程、采购结果确定和合同签订、合同管理、支付与交付、政府采购信息采集等指标。

2019 年，《财政部关于促进政府采购公平竞争优化营商环境的通知》印发，要求优化办事程序、规范保证金收取和退还、要求及时支付采购资金、完善对供应商的利益损害赔偿和补偿机制、推进采购项目全流程电子化、提升政府采购透明度、完善质疑投诉和行政裁决机制等，进一步保障各类市场主体平等参与政府采购活动的权利。

2020 年，《吉林省政府采购营商环境指标优化提升方案》印发，要求制定全省统一的政府集中采购目录及标准，建立政府采购内部控制制度，落实政府采购政策，清理影响公平竞争的规定和做法，推进政府采购意向公开工作，实现采购项目全过程信息公开，优化采购活动办事程序，细化采购活动执行要求，规范保证金收取和退还，依法签订合同，依法开展履约验收和资金支付，依法依规受理质疑和投诉，扩大政府采购电子商城规模。2021 年，《吉林省人民政府办公厅关于印发〈吉林省营商环境优化提升实施方案（2021）〉的通知》发布，要求规范政府采购流程，完善透明高效的政府采购体系，提高政府采购透明度，整合政府采购信息发布渠道；积极推行"互联网+政府采购"，完善电子采购平台功能，依托吉林省政府采购电子商城平台；持续降低交易成本，规范保证金收取和退还，允许供应商自主选择以非现金形式缴纳或提交保证金；保障公平竞争，充分听取意见建议。

二、"政府采购"满意度分析

本次评估从"政府采购的总体满意度""采购代理机构的工作规范性""评标专家评审公正性""退还投标保证金及时性""企业履行合同后申请付款的时间"及"处理采购纠纷及时性与公开性"六个方面分别对 A 市、C 市进行"政府采购"专项指标满意度调查。课题组根据上述指标分别得出市场主体对于"政府采购"各环节及总体满意度得分、市场主体认为本地区"政府采购"存在的问题情况如表 5-11、表 5-12 所示。

表 5-11 A 市、C 市"政府采购"市场主体满意度情况

单位：分

序号	题项	A 市	C 市
1	企业对政府采购的总体满意度	92.18	90.67
2	企业对采购代理机构工作规范性的满意度	94.95	94.48
3	企业对评标专家评审公正性的满意度	92.96	93.33
4	企业对退还投标保证金及时性的满意度	94.62	91.67
5	企业对履行合同后申请付款时间的满意度	79.31	91.03
6	企业对处理采购纠纷及时性与公正性的满意度	84.18	90.00

表 5-12 A 市、C 市市场主体认为本地区"政府采购"存在的问题情况

单位：%

序号	题项	A 市	C 市
1	不能在线获取采购文件，需现场购买，比较烦琐	12.22	23.3
2	对投标响应文件的格式、形式要求烦琐	11.11	13.3
3	中标结果公示不及时	6.67	6.7
4	未体现对中小微企业的扶持	37.78	6.7
5	投诉渠道不畅通	6.67	6.7

续表

序号	题项	A市	C市
6	投诉处理时间太长	6.67	3.3
7	没有问题	72.38	66.7

从满意度情况来看，评价题项中A市"企业对采购代理机构工作规范性的满意度"的评分最高（94.95分），"企业对履行合同后申请付款时间的满意度"的评分最低（79.31分）。C市"企业对采购代理机构工作规范性的满意度"的评分最高（94.48分），"企业对处理采购纠纷及时性与公正性的满意度"的评分最低（90.00分）。

从存在问题来看，A市、C市市场主体反映"政府采购"问题较为突出的是"未体现对中小微企业的扶持"；"不能在线获取采购文件，需现场购买，比较烦琐"；"对投标响应文件的格式、形式要求烦琐"；以及存在"中标结果公示不及时""投诉渠道不畅通""投诉处理时间太长"的问题。根据调研中的定性分析部分可以总结以下主要问题：

第一，过度强调工作规范性。有市场主体反映在投标过程中向各项目相应提交的文件格式、形式过于烦琐，政府缺乏对材料形式统一、有效的管理，给企业带来额外的交易成本，降低办理效率。采购代理机构处理采购纠纷缺乏及时性，处理时间过长，解决方式烦琐，问题解决效率有待提高，未能及时保障采购流程中受害方的权益。

第二，项目付款不及时、退款慢。有市场主体反映政府部门采购物资后的财政拨款周期较长，付款不及时，导致市场主体在履行合同后申请付款却不能及时获取应得款项或出现采购项目应结的尾款只能部分结算的情况。此外，在投标结束后，政府退还投标保证金、投标结果公布不及时等情况也使企业经营者利益受损，可能耽误企业的其他业务进度，给市场主体带来损害。

第三，政策对中小企业的扶持有待加强。有市场主体反映评标专家的评审注重了市场公正性，但未能为中小企业提供更多的业务机会，政策虽然未失偏颇，但也没有提高帮助市场企业均衡发展的效率。政策上对中小企业的扶持应该更加精准高效，需要加大对中小企业优惠的实施力度。

综上所述，市场主体关注的是参加政府采购的便利度、政策扶持力度、政府诚信、执行效率等方面。

第五节　市场监管

一、"市场监管"指标与改革实践

市场监管是国家一项重要的经济管理职能，是指行政机关规范市场行为，维护市场秩序，使资源配置符合国家法律政策制度的要求，保护和巩固经济关系，实现维护公民、法人和其他经济组织的合法权益的目标的一种行为。在市场监管中，公开、公平、公正的"三公"原则是保护市场主体和社会公众合法利益不受侵犯的基本原则，也是市场监管工作的基础。市场监管指标是中国营商环境评估体系的构成指标之一。该指标主要衡量参评城市根据法律法规和职责落实监管责任、实施"双随机、一公开"监管、加强信用体系建设、推进"互联网+监管"、规范涉企行政检查和处罚等情况。

为了优化市场监管营商环境，国家推出了一系列改革措施：

2019 年,《国务院关于在市场监管领域全面推行部门联合"双随机、一公开"监管的意见》印发,要求在市场监管领域全面推行部门联合"双随机、一公开"监管。《国务院办公厅关于加快推进社会信用体系建设构建以信用为基础的新型监管机制的指导意见》印发,要求建立健全信用承诺制度,对申请人承诺符合审批条件并提交材料的有关行政许可事项应予即时办理,鼓励市场主体主动向社会作出信用承诺,全面建立市场主体信用记录,推进信用分级分类监管,健全失信联合惩戒对象认定机制。2019 年 9 月,《国务院关于加强和规范事中事后监管的指导意见》印发,要求构建权责明确、公平公正、公开透明、简约高效的事中事后监管体系,严格按照法律法规和"三定"规定明确的监管职责和监管事项依法对市场主体进行监管,深入推进"互联网+监管",推行信用分级分类监管,对新兴产业实施包容审慎监管。

本次评估主要了解市场主体对于市场监管工作的满意度。

二、"市场监管"满意度分析

本次评估从"市场监管总体满意度""监管执法情况""监管处罚情况"三个方面分别对 A 市、C 市进行"市场监管"专项指标满意度调查。其中,监管执法方面主要包括监管执法部门与监管事项抽查次数;监管处罚方面主要包括是否对企业进行处罚、处罚结果是否公示、执法人员是否全过程记录等。市场主体"市场监管"总体满意度得分、市场监管情况如表 5-13 所示。

从满意度情况来看,A 市、C 市市场主体市场监管总体满意度评价仍有待提高。

表 5-13　A 市、C 市"市场监管"市场主体满意度及市场监管情况

评估指标	题项	选项	A 市	C 市
市场监管总体满意度	市场监管总体满意度	—	87.5 分	92.0 分
监管执法情况	最近一次监管执法检查部门	—	市场监督管理局、安监局、防空小组、稽查部门、税务部门、银行、特种设备部门、统计局、药监局、工信局、环保局、政协人大	市场监督管理局、安监局、环保相关部门、工信部门、审批部门、交通执法部门、市建筑主管部门、综合执法大队、综保局、认证中心
	因为同一事项被抽查过几次	0 次	0%	10.0%
		1 次	66.0%	30.0%
		2~3 次	26.4%	40.0%
		4~5 次	5.7%	6.7%
		6 次及以上	1.9%	6.7%
		不清楚	0%	6.7%
		总计	100.0%	100.0%
监管处罚情况	最近一次抽查是否进行了处罚	是	0.9%	0%
		否	99.1%	100.0%
		总计	100.0%	100.0%
	监管执法部门是否主动公开了本次抽查的监管处罚结果	是	100.0%	—
		否	0%	—
		总计	100.0%	—
	本次监管执法过程中执法人员是否进行全过程记录	是	73.6%	—
		否	4.7%	—
		不清楚	21.7%	—
		总计	100.0%	—

　　从监管执法情况来看，A 市市场主体"最近一次监管执法检查部门"共涉及 12 个，其中市场监督管理局的占比最高，占该问题评价人数的 33.02%；其次是税务部门，占该问题评价人数的 8.49%。

C市市场主体"最近一次监管执法检查部门"共涉及 10 个，其中市场监督管理局的占比最高，占该问题评价人数的 13.33%。A市、C市因为同一事项被抽查次数为 1 次、2~3 次的居多。

从监管处罚情况来看，A市、C市市场主体在最近一次抽查中未受到处罚的比例分别为 99.1%、100%。A市受处罚的所有市场主体反映监管执法部门主动公开了本次抽查的监管处罚结果且本次监管执法过程中执法人员进行了全过程记录。

从市场主体反映的问题来看，A市、C市认为本地区"市场监管"指标存在"执法检查次数多，影响企业正常生产经营活动"及"执法监管人员未主动出示执法证件"的问题，少量存在"执法监管人员的业务水平有待提高"等问题。通过对调研获得的定性材料进行汇总整理，受访企业反映"市场监管"指标方面存在的主要问题如下：

第一，监管处罚力度有待加强。受访企业反映，存在不正规油车现象，一方面对正规加油站经营造成了影响，另一方面也给当地埋下了安全隐患；还有受访企业反映，根据国家医保局《基本医疗保险用药管理暂行办法》对医保卡使用范围所做的进一步明确规定，正规连锁大药房企业正规且遵守政策使用医保卡，但部分小药房还存在不规范经营现象，严重影响了正规大药房经营；当地对于无照经营的小作坊打击力度不够，一定程度上也影响了正规企业经营；客运站前出租车拒载现象严重，而且存在提高收费现象；客运站附近的加油站周边有大巴私设客运点，非法运营的汽车也较多，造成了一定安全隐患。据了解，针对以上问题，政府相关部门也进行相关检查，但由于处罚力度、检查次数以及重视程度等原因依旧屡禁不止，需要进一步增强处罚力度并增加检查次数。

第二，办事效率及工作透明度问题。受访企业反映，希望以后遇到相关问题时有关部门的解决速度快一些、希望监管部门工作更加公开透明。

综合以上分析结果可以看出，市场主体更加关注对于违法违规行为的处罚力度、能否进行正常的生产经营活动、是否文明执法监管，在下一步工作中要重点加以整改。

第六节　登记财产

一、"登记财产"指标与改革实践

"登记财产"是世界银行营商环境评估指标之一，优化不动产登记领域营商环境也是党中央、国务院优化营商环境的重大决策部署。为不动产交易的交易双方提供更加高效便捷的相关服务，降低交易成本，是优化不动产领域改革的重要目标。

世界银行《营商环境报告》中登记财产指标记录一个有限责任公司（买方）从另一个企业（卖方）购买一个财产，并且把此财产的使用权从卖方转移到买方，使买方能将此财产用于扩大自己现有的企业或将此财产作为抵押物以获取新的贷款，或者是在必要的时候将此财产卖掉的所有手续。该报告也评估完成每一项手续所需的时间和费用，以及各个经济体的土地行政管理的质量，该指标涵盖了五个方面：基础设施的可靠性、信息的公开程度、地理面积涵盖、土地纠纷解决，以及平等获得财产权。登记财产的便利度排名由它们分数的排序决定。这些分数为其构成指标的分数的平均值。

世界银行登记财产指标评估共包括登记财产手续、登记财产时间、登记财产成本、土地管理质量指数四个二级指标（见表5-14）。中国营商环境评价体系新增"便利度"指标。

表5-14 世界银行"登记财产"指标评估体系

评估指标	指标说明
登记财产手续	买方、卖方或其代理人（如果法律上或者实际当中要求有代理人的话）与外部当事人之间的任何互动 外部当事人包括政府机构、检查人员、公证人员、建筑师、测量师等
登记财产时间	时间是用日历天数记录的 该指标采用财产律师、公证人员或者登记官员指出的完成一个手续所需要时间的中值（中位数） 这里假设每个手续要求的最短时间是1天，但对于那些可以完全在网上完成的手续，要求的最短时间为半天
登记财产成本	成本以财产价值的百分比来记录 假设财产价值为人均收入的50倍。只记录法律要求的官方成本，包括各种费用、转让税、印花税和任何其他交给财产登记部门、公证人员、公共机构或律师的费用
土地管理质量指数	设施可靠性指数
	信息透明度指数
	地理覆盖指数
	土地争议解决指数
	平等获得财产权指数

为了进一步优化营商环境，提升国际竞争力，国家推出了一系列改革措施：2019年，《国务院办公厅关于压缩不动产登记办理时间的通知》《自然资源部办公厅关于印发不动产登记流程优化图的通知》《国务院办公厅关于印发全国深化"放管服"改革优化营商环境电视电话会议重点任务分工方案的通知》《自然资源部办公厅国家市场监督管理总局办公厅关于推动信息共享促进不动产登记和市场主体登记便利化的通知》《自然资源部国家税务总局中国银保监会关

于协同推进"互联网+不动产登记"方便企业和群众办事的意见》先后实施，进一步对一般登记、抵押登记业务压缩办理时间进行要求，并对实现"一窗受理、并行办理"和"互联网+不动产登记"等做了目标要求，加快推进"互联网+不动产抵押登记"。

2020年，《国务院办公厅关于印发全国深化"放管服"改革优化营商环境电视电话会议重点任务分工方案的通知》发布，要求加强不动产抵押贷款和登记业务协同，在银行等金融机构推广应用不动产登记电子证明，便利企业和群众融资。《自然资源部办公厅关于印发〈"互联网+不动产登记"建设指南〉的通知》发布，要求建设不动产登记网上"一窗办事"平台，实现不动产登记、交易、缴税等业务协同联办，与不动产登记系统和全国一体化政务服务平台有序对接；升级改造不动产登记系统，完善扩展部门间信息共享集成，为不动产登记业务全程网上办理提供支撑，为企业和群众办事提供便捷和高效的服务。

2019年，辽宁省印发《辽宁省人民政府办公厅关于深入推进不动产登记便民化服务的实施意见》，要求全省所有市县完成不动产登记场所归并，实现不动产登记"一窗受理、并联办理"全覆盖；完成不动产登记信息平台建设，实现城镇登记数据成果的完善与汇交全覆盖；一般登记、抵押登记业务办理时间压缩至5个工作日内。地级及以上城市不动产登记中心需要使用有关部门信息的通过共享获取。地级及以上城市全面实施"互联网+不动产登记"，实现办证"最多跑一次"。

2019年，《黑龙江省深化"放管服"改革全面优化不动产登记工作实施方案》印发，要求全面深化不动产登记改革，促进体制机制创新，通过优化业务流程、整合办事环节、推行"一窗受理"、加快信息共享、推进数据整合、提高行政效能等，实现企事业单位和广大人民群众办理不动产登记"只进一扇门""最多跑一次""办证不求人"。

2021 年，《吉林省人民政府办公厅关于印发〈吉林省营商环境优化提升实施方案（2021）〉的通知》发布，要求继续巩固深化不动产登记改革，提升企业群众登记便利度。强化便民利企举措，聚焦不动产登记"流程最简、环节最少、时间最短、服务最优"，进一步巩固不动产登记办理时间压缩成果。深化"互联网+不动产登记"。加快建立集成统一的网上"一窗受理"平台，推行一次受理、并行办理、依法衔接、"一网通办"。加快推进网上查询服务。

在各项改革措施推进下，东北地区登记财产营商环境优化取得一定成效。然而，世界银行登记财产评估标准主要关注办理手续、办理时间、成本费用，因此在推行的各项改革措施中，一些政府部门重点强调流程少、时间短、成本低，着力提高审批效率，但实际成效与市场主体的切身感受仍存在一定的偏差，现状是否满足了市场主体的需求还需要对市场主体进行满意度评估。

二、"登记财产"满意度分析

本次评估从"财产登记审批总体满意度""办理房屋不动产权证审批效率""办理登记财产中缴税业务""办理土地不动产权证审批效率""办理抵押登记审批效率""办理财产转移登记审批效率"六个方面对 C 市进行"登记财产"专项指标满意度调查。通过对数据进行分析，得出市场主体对于"登记财产"各环节及总体满意度得分，以及受访企业反映财产登记存在的问题，具体评价情况如表 5-15、表 5-16 所示。

表 5-15　C 市"登记财产"市场主体满意度情况

序号	题项	平均分
1	企业对财产登记审批的总体满意度	96.00
2	企业对办理房屋不动产权证审批效率的满意度	97.78
3	企业对办理登记财产中缴税业务的满意度	96.80
4	企业对办理土地不动产权证审批效率的满意度	95.00
5	企业对办理抵押登记审批效率的满意度	94.81
6	企业对办理财产转移登记审批效率的满意度	94.78

表 5-16　C 市市场主体认为本地区"登记财产"存在的问题情况

序号	存在的问题	百分比（％）
1	办理转移登记流程烦琐，需要多地往返跑动	20.0
2	准备登记申请前置材料多，如企业机读档案的获取、测绘成果的获取等	13.3
3	获取测绘成果费用高	6.7
4	其他	6.7
5	无问题	73.3

　　根据满意度评价定量分析结果，企业对 C 市财产登记审批的总体满意度较高，评分为 96 分。从不同评价题项来看，"企业对办理房屋不动产权证审批效率的满意度"的评分最高（97.78 分），其次是"企业对办理登记财产中缴税业务的满意度"（96.80 分），"企业对办理财产转移登记审批效率的满意度"的评分最低（94.78 分）。

　　受访企业认为 C 市的财产登记审批中存在的最突出的两个问题分别是"办理转移登记流程烦琐，需要多地往返跑动"和"准备登记申请前置材料多，如企业机读档案的获取、测绘成果的获取等"。根据定性分析可以总结出以下问题：

　　第一，工作人员业务熟练度有待提升、办事效率需进一步提高。

受访企业对 C 市办理财产转移登记审批效率的满意度较低，有受访企业反映，部分工作人员业务熟练度有待提升，有时企业经营者办理一件事情需要多次往返，不能一次告知需要准备什么材料等情况给市场主体带来流程办理中的困扰，导致办事效率低。

第二，部门之间协调性有待加强。有受访企业反映，当部门登记财产业务出现特殊情况时部门内部的协调性还有待加强，各个部门之间存在沟通障碍。施工许可证发放的前置条件需要简化，目前前置条件当中所有的条件都齐全以后才能进行施工，这会影响企业工程进度，对企业登记流程产生制约，亟待改进。

第三，登记申请前置材料重复提供。有受访企业反映在登记财产的各个流程中每到一个部门就需要上交一份材料，易造成浪费并影响办理的效率。

综合以上分析，市场主体对于"登记财产"最为关注的是办理业务的便利度、办理效率，反映的主要问题是流程烦琐、前置要件多且有重复提供情况、工作人员业务熟练度有待提高、部门间协调性须加强等，这些都是影响登记财产便利度的因素。

第七节　获得信贷

一、"获得信贷"指标与改革实践

获得信贷指标是世界银行营商环境指标体系的重要组成部分。世界银行《营商环境报告》中"获得信贷"指标通过一组指标衡量担保交易中借方和贷方的合法权利，通过另一组指标衡量信贷信息的上报。第一组指标描述担保和破产法中是否有某些特征使贷款更加便利。第二组指标衡量通过征信服务如信贷社和信贷登记处所提供的信贷信息的覆盖面、范围和开放程度。经济体获得信贷便利度排名由它们分数的排序决定。这些分数是合法权利指数和信贷信息深度指数的总和。世界银行"获得信贷"指标体系如表 5-17 所示。

表 5-17　世界银行"获得信贷"指标体系

评估指标	指标说明
合法权利力度指数	衡量担保和破产法保护借方和贷方权利并借此为借贷提供便利的程度
信贷信息深度指数	衡量那些影响信贷信息覆盖面、范围和开放程度的规则和做法，无论这些信息是由公共信贷机构还是由信用登记处提供的

为优化获得信贷营商环境，国家推出了一系列改革措施。2019年，《国务院办公厅关于印发全国深化"放管服"改革优化营商环境电视电话会议重点任务分工方案的通知》发布，要求开展降低融资收费专项清理行动，规范中小企业融资时强制要求办理的担保、保险、评估、公证等事项，减少融资过程中的附加费用。

2020年，《国务院办公厅关于印发全国深化"放管服"改革优化营商环境电视电话会议重点任务分工方案的通知》发布，要求清理规范中小企业融资中的不合理附加费用，整治银行强制销售产品、超公示标准收费、收费与服务项目不符等违规行为。加强银行服务项目和收费公示。让企业特别是中小微企业融资更加便利、更加优惠，推动国有大型商业银行创新对中小微企业的信贷服务模式，督促金融机构优化普惠型小微企业贷款延期操作程序。

东北地区也出台了一系列有效的政策措施。2019年，《黑龙江省人民政府办公厅关于印发加强金融服务民营企业二十项政策措施的通知》发布，要求扩大融资供给规模、积极改善融资结构、有效降低融资成本、提升融资服务效率、防范化解信用风险、完善激励考核机制。2021年，吉林省要求提升获得信贷便利度，进一步改善融资环境，优化信贷融资服务，全面落实续贷续保、担保增信、降低贷款利率等惠企政策，2021年底前实现"通用型系统对接接口"上线应用，吉林省农信系统与应收账款融资服务平台实现对接。强化企业金融信用信息服务体系建设，整合市场主体登记注册、行政许可、行政处罚、失信人名单以及融资需求、金融供给、纳税、社保、水电煤气、仓储物流等信息，搭建全省统一的企业融资综合服务平台。深入开展动产抵押登记工作。持续降低企业融资成本，规范信贷融资各环节收费与管理，取消信贷环节部分收费和不合理条件。

二、"获得信贷"满意度分析

本次评估从"贷款融资环境的总体满意度""金融机构放款时间""办理贷款流程""金融机构对申贷企业设置的审批条件"及"办理贷款成本"五个方面对 C 市进行"获得信贷"专项指标满意度调查，得出市场主体对"获得信贷"各环节及总体满意度得分及市场主体对该指标存在的问题，具体评价情况如表5-18、表5-19所示。

表5-18　C 市"获得信贷"市场主体满意度情况

序号	题项	平均分
1	企业对贷款融资环境的总体满意度	78.89
2	企业对金融机构放款时间的满意度	92.22

续表

序号	题项	平均分
3	企业对办理贷款流程的满意度	90.59
4	企业对金融机构对申贷企业设置的审批条件的满意度	84.44
5	企业对办理贷款成本的满意度	82.22

表5-19　C市市场主体认为本地区"获得信贷"存在的问题情况

序号	存在的问题	百分比（%）
1	办理信贷或融资成本高	44.4
2	办理信贷审批周期长	44.4
3	办理信贷或融资渠道少	38.9
4	可抵押物少，抵押折扣率高	33.3
5	办理信贷或融资需要准备的材料多且繁杂	27.8
6	缺乏担保机构	22.2
7	办理信贷中间环节多	11.1
8	民间贷款不规范	5.6
9	无问题	33.3

根据满意度评价定量分析结果，受访企业对贷款融资环境的总体满意度较低，评分为78.89分。从不同评价题项来看，"企业对金融机构放款时间的满意度"评分最高，"企业对办理贷款流程的满意度""企业对办理贷款成本的满意度"评分较低。

根据受访企业对C市获得信贷存在的问题分析结果，"办理信贷或融资成本高"及"办理信贷审批周期长"的问题最为突出。受访企业反映存在"办理信贷或融资渠道少"；"可抵押物少，抵押折扣率高"；"办理信贷或融资需要准备的材料多且繁杂"；"缺乏担保机构"等问题。

通过对调研获得的定性材料进行汇总整理，受访企业反映贷款融资环境方面存在的主要问题如下：

第一，评估费用高。有受访企业反映，土地抵押评估费高，需要第三方评估，存在银行指定入围机构现象，利率高，"过桥贵"；不动产评估费比较高，现在房产和土地的不动产证统一，不能分割，整体评估费用高。还有受访企业建议取消房产评估和房产保险等，银行可以自身完成对其评估，无需第三方，以便减轻转贷时过高成本造成的企业负担。银行可以不还全部本金，次年续贷时评估企业，收回一部分本金或者补充一些手续都可以，本金全部归还，企业倒贷需要付出很大成本。

第二，可抵押物少，缺乏担保机构，贷款成本高。有受访企业反映，没有抵押物，贷款困难，政府性担保机构少，贷款成本高，单笔贷款、多笔贷款利率上浮，市里银行没有审批权限，需要拿到省里审批，时间长；贷款强制性东西多，如法人个人资产都要填写，法人附有连带责任等。"过桥贵"，续贷时成本高，给企业带来压力；成本高，融资难，需要不动产进行抵押，信用抵押、税收抵押额度小，对缓解企业资金压力作用不大；贷款利息高，希望政府多多组织银企对接会，缺少贷款宣传平台，看不太懂；希望贷款利息下调。

第三，办理信贷审批周期长。

第四，本地区金融平台知晓度不够。受访企业反映，本市的金融平台企业知晓度较低，需要加大宣传力度。

第五，办理续贷手续较为复杂。受访企业反映，办理不动产抵押登记，平均一年需要续贷一次，增加了企业跑动次数。建议每年续贷手续应与新登记不同，程序应该更加简化，或通过内部信息互通，实现"让数据跑路，减少企业跑路"。

综合以上分析，市场主体对"获得信贷"最为关注的是融资成本、融资方式、时间和效率，反映的主要问题是评估费用高、贷款利率高、抵押物少、融资困难等，这些都是影响市场主体满意度的因素，有待在工作中进一步改善。

第八节　获得水电气

一、"获得水电气" 指标与改革实践

获得电力指标是世界银行营商环境评估体系和中国营商环境评估体系的重要组成部分。世界银行《营商环境报告》中获得电力指标记录企业为一个标准化仓库获得永久性电力连接的所有手续，包括向电力公司提出申请并签订合同、从电力公司和其他机构办理一切必要的检查和审批手续，以及外部的和最终的连接作业。此外，还包括两项指标：供电可靠性和电费透明度指数（涵盖在加总的营商环境分数及营商便利度排名中），以及电力价格（未包含在综合排名中）。供电可靠性和电费透明度指数包含了断电的持续时间和发生频率的量化数据及以下方面的质化信息：监控断电及恢复电力供应的机制，供电系统向主管部门报告断电的报告机制，电费信息的透明度及可获取性和供电系统是否面临针对减少断电的财务惩戒举措（如当断电超过一定的限度时，要求赔偿消费者或者支付罚款）。经济体获得电力便利度排名由它们分数的排序决定。这些分数是每个分指标（除了电力价格）分数的简单平均值。世界银行获得电力指标共包括获得电力手续、获得电力时间、获得电力成本、供电可靠性和电费透明度指数四个二级指标（见表5-20）。

表5-20　世界银行"获得电力"指标体系

评估指标	指标说明
获得电力手续	指企业员工或其主要电气技师或电气工程师（即可能已经完成内部布线的人员）与公共电力配送公司、供电公司、政府机构、电力承包商和电力公司等外部各方之间的任何互动 公司员工之间的互动以及内部布线的相关步骤，比如内部电气安装计划的设计与执行等不视为手续
获得电力时间	时间按日历天数记录 取完成一项手续所需时间的中间值，这个时间是电力公共事业公司和专家指出的在实际中在后续跟进最少且没有额外付款的情况下所需要的时间
获得电力成本	成本按经济体人均收入的百分比记录，且记录的成本不含增值税 完成仓库接通电力手续的所有相关成本和费用均记录在内，其中包括在政府机构办理审批手续、申请电力连接、接受现场和内部布线检查、采购材料、实施实际接线作业以及缴纳保证金
供电可靠性和电费透明度指数	SAIDI 和 SAIFI 的数值
	输配电公用事业公司检测停电所使用的工具
	输配电公用事业公司恢复电力供应所使用的工具
	监管机构——一个独立于公用事业公司的实体——是否监督公用事业公司在供电可靠性方面的表现
	是否有财务上的遏制措施来限制停电
	电费是否透明且易于获得

　　获得用水用气指标是中国营商环境评估体系的构成指标之一，主要衡量参评城市的企业首次获得供水、燃气所需经历的政府审批和外部办事流程，包括办理环节、办理时间、成本费用，以及参评城市的用水用气价格情况、用水用气报装便利化水平等情况。

　　为了进一步优化营商环境，提升国际竞争力，国家推出了一系列改革措施。2020 年，《国务院办公厅关于印发全国深化"放管服"改革优化营商环境电视电话会议重点任务分工方案的通知》发布，要求优化水电气暖网等公用事业服务，清理报装过程中的附加审批要件和手续，加快实现报装、查询、缴费等业务全程网上办。优化外线施工办理流程，对涉及的工程规划许可、绿化许可、路政许可、占掘路许可、物料堆放许可等环节实行并联审批，探索实行接入工程告知承诺制。

2019 年，辽宁省出台《辽宁省优化营商环境条例》，其中提出电力、供水、排水、热力、燃气等直接关系公共利益的特定行业和政府部门，应当建立为优化营商环境服务的工作规则，将服务标准、资费标准和行政机关依法规定的条件向社会公开，并按照规定向企业提供安全、方便、快捷、稳定和价格合理的普遍服务，不得强迫企业接受不合理的条件。电力企业、燃气企业、供水企业、网络运营商在供电、供气、供水、网络运营过程中，应当简化报装手续、优化办理流程、降低报装成本，提升服务的可靠性、稳定性、时效性。

2021 年，吉林省要求优化办电服务，完善"网上国网"App 等线上服务功能，全面实行"1+N"客户经理制、"网格化"供电服务等机制，提升供电可靠性，加强电网建设。简化水气报装手续，优化用水报装流程，办事环节压减至 2 个，压缩用水用气办理时限，优化报装流程，推行"提前介入、提前指导"前置咨询服务，探索实行容缺受理、并联审批，提高审批效率，推行"掌上营业厅"，全面推行"三零"服务，推进用气报装免收费用，不收取咨询费、工本费、手续费等不提供实质服务内容的办理费用等。

在营商环境评估及各项改革措施推进下，东北地区获得水电气的营商环境优化取得一定成效，但仍然需要关注市场主体的满意度。

二、"获得水电气"满意度分析

本次评估通过"水电气接入总体满意度"、"审批效率"（包括用水报装、用气报装、用电报装、占用或挖掘城市道路）、"供应满足生产需求"（包括电力、自来水、燃气）、"使用价格"（包括水价、电价、气价）四个方面对 C 市开展"获得水电气"满意度调查，C 市满意度频数分布、受访企业反映 C 市水电气接入存在的问题如表 5-21、表 5-22 所示。

表 5-21　C 市水电气接入的市场主体满意度频数分布情况

单位:%

类别	题项	非常满意	比较满意	不清楚
总体	企业对在 C 市办理水电气接入的总体满意度	87.50	12.50	0.00
审批效率	企业对 C 市用水报装（申请自来水接入）审批效率的满意度	37.50	12.50	50.00
	企业对 C 市用气报装（申请燃气接入）审批效率的满意度	0.00	0.00	100.00
	企业对 C 市用电报装（申请电力接入）审批效率的满意度	37.50	0.00	62.50
	企业对 C 市水电气接入过程中占用、挖掘城市道路审批效率的满意度	12.50	0.00	87.50
供应满足生产需求	企业对 C 市电力供应满足生产需求的满意度	25.00	0.00	75.00
	企业对 C 市自来水供应满足生产需求的满意度	25.00	0.00	75.00
	企业对 C 市燃气供应满足生产需求的满意度	0.00	0.00	100.00
使用价格	企业对 C 市用水价格的满意度	25.00	0.00	75.00
	企业对 C 市用电价格的满意度	37.50	0.00	62.50
	企业对 C 市用气价格的满意度	0.00	0.00	100.00

表 5-22　C 市市场主体认为本地区"水电气接入"存在的问题情况

序号	存在的问题	百分比（%）
1	用水工程设计费用高	25.0
2	办理占道、挖掘城市道路、占用绿地审批流程烦琐	12.5
3	无问题	50.0
4	其他	12.5

通过以上数据可以发现，市场主体对于办理水电气接入的总体满意度较高，但具体来看，对于审批效率、供应满足生产需求、使用价格表示不清楚的频率较高。市场主体反映的问题主要有以下三点：一是费用高：用水工程设计费用高，水表贵、施工费用高；二是流程烦琐：办理占道、挖掘城市道路、占用绿地审批流程烦琐；三是办事不便利：不能网上办理。

综合以上分析可以发现，市场主体对于获得用水用电用气的需求主要为"降低费用、简化流程、办事便利"，其中费用高的问题包括用水工程设计费用高、水表贵、施工费用高，而营商环境获得电力、获得用水气评估指标并不评估此类费用。

第九节　跨境贸易

一、"跨境贸易"指标与改革实践

跨境贸易指标是世界银行营商环境指标体系的重要组成部分，世界银行《营商环境报告》中跨境贸易指标记录了与进出口货物的物流过程相关的时间和成本。衡量了与货物进出口总过程中的三组

程序——单证合规、边界合规和国内运输——相关的时间和成本
（不包括关税），如表5-23所示。经济体跨境贸易便利度的排名取
决于其在跨境贸易方面的分数的排序。这些分数为进出口单证合规
和边界合规的时间和成本的分数的简单平均值。中国营商环境评价
指标体系增设便利度指标。

表5-23　世界银行"跨境贸易"指标体系

评估指标	指标说明
边界合规 时间和成本	反映满足来源经济体、目的地经济体以及任何过境经济体的所有政府机构对单证的要求所需的时间和成本。衡量准备一系列使得案例研究中所假设的产品和成对贸易伙伴之间的国际贸易得以完成的单证的总负担
单证合规 时间和成本	衡量的时间和成本与遵守经济体的海关规定及遵守为了让货物通过经济体边界而强制要求的其他检查相关的规定有关，还衡量了经济体港口或边界装卸的时间和成本
国内运输 时间和成本	反映与货物从经济体最大商业城市的仓库运到该经济体使用最广泛的海港或陆上边境相关的时间和成本

为优化跨境贸易营商环境，国务院于2020年提出要优化通关作
业流程，放开口岸服务准入、引入竞争机制，提高服务效率并降低
收费标准。完善出口退税、出口信贷、信用保险等政策，支持进出
口市场多元化，扶持中小微外贸企业发展。推进跨境电商综合试验
区建设和市场采购贸易方式试点，发挥外贸综合服务企业作用。

东北地区也采取了一系列举措。2019年，《黑龙江省人民政府
关于印发黑龙江省优化口岸营商环境促进跨境贸易便利化措施的通
知》发布，提出开展口岸收费清理工作，精简进出口环节监管证件，
建立口岸通关流程、收费和意见投诉服务"三公开"制度，提高查
验准备工作效率，推行"先验放后检测"检验监管方式，加快时效
性商品通关速度，加强预约通关宣传和保障预约通关落实，推广应

用"提前申报"模式等。

2021 年，《辽宁省优化营商环境深化跨境贸易便利化改革若干措施》从优化进出口环节服务流程、简化进出口环节单证办理、全面提升口岸智能化和信息化水平、规范口岸经营秩序降低进出口合规成本、提高企业服务水平五个方面，提出了 25 条具体措施。

本次评估重点对市场主体满意度进行调查，了解市场主体的真实感受。

二、"跨境贸易"满意度分析

本次评估从"跨境贸易的总体满意度""出口退税业务""海关执法工作""服务热线""中国（××）国际贸易单一窗口""通关便利化""兑现扶持政策的效率效果"七个方面对 C 市开展"跨境贸易"满意度调查。满意度评价结果及受访企业认为 C 市跨境贸易存在的问题如表 5-24、表 5-25 所示。

表 5-24　C 市"跨境贸易"市场主体满意度情况

序号	题项	平均分
1	企业对跨境贸易的总体满意度	92.00
2	企业对出口退税业务办理的满意度	99.05
3	企业对海关执法工作的满意度	97.93
4	企业对综合保税区服务热线的满意度	95.39
5	企业对企业提交货物进出口或转运所需要的单证或电子数据所使用的"中国（××）国际贸易单一窗口"的满意度	94.00
6	企业对通关便利化的满意度	94.00
7	企业对兑现扶持政策的效率效果的满意度	93.33

表 5-25　C 市市场主体认为本地区"跨境贸易"存在的问题情况

序号	存在的问题	百分比（%）
1	专业外贸人员招聘难	20.0
2	单一窗口系统不完善	16.7
3	通关监管部门之间协调性有待加强	10.0
4	优惠政策不足	10.0
5	缺少跨境法务咨询服务	10.0
6	综保区政策宣传不到位	6.7
7	"互联网+船舶吨税查询"功能使用不便利	3.3
8	不清楚	3.3
9	无问题	60.0

根据分析结果可以看出，在跨境贸易满意度方面，企业对 C 市跨境贸易的总体满意度较高，平均分为 92 分。从不同题项来看，"企业对 C 市出口退税业务办理的满意度"的评分最高（99.05 分），其次是"企业对 C 市海关执法工作的满意度"（97.93 分），"企业对 C 市兑现扶持政策的效率效果的满意度"的评分最低（93.33 分）。

在跨境贸易存在的问题方面，C 市定量调研数据显示，受访企业认为 C 市跨境贸易存在的最突出的两个问题分别是"专业外贸人员招聘难"和"单一窗口系统不完善"；比较突出的问题是"通关监管部门之间协调性有待加强""优惠政策不足"及"缺少跨境法务咨询服务"等。C 市定性调研材料显示，受访企业反映 C 市跨境贸易存在的问题主要有以下几方面：

第一，优惠政策宣传力度有待加强。企业表示对优惠政策缺乏深入了解，政策落实有待提升。有受访企业建议在大厅办事时可以设置优惠手册供办理者取用，以增进对政策的了解。

第二，政策法规缺乏权威解释。有受访企业建议对有些政策法规的解释设置一个热线或网站，能够及时反馈并更新信息，因为现在很多东西变化很大，原先的东西用不上的时候或不确定的时候，就需要有一个权威的部门来进行解答，这样会使企业更加方便，降低错误出现频率。

第三，工作人员业务能力有待提高。

第四，办事效率有待提高，缩短办理业务耗时。例如，有受访企业反映，水路运输备案本来是一项很简单的备案，但跑了一个星期才办理完成。

第五，信息不畅。例如，有受访企业反映，企业从三级变成二级，企业升级咨询的问题，单位企业和二类企业得到的税务发票信息稍慢一些。

综合以上分析可以发现，市场主体对于跨境贸易的需求主要为政策获取、政策落实、政策解释、办事效率、办事便利度，工作人员的业务能力、信息畅通度都是影响办事效率、办事便利度的因素。

第六章
市场主体对营商环境建设部门的满意度

第一节 各部门市场主体满意度评价得分排名情况

课题组对 B 市部分营商环境建设部门进行了营商环境市场主体满意度调查，此次调查共有 26 个部门参与评价，按照部门不同类型划分为综合审批监管部门（9 个）、社会事业部门（5 个）、中省直单位（7 个）和市政府直属事业单位（4 个）四类。具体部门分类如表 6-1 所示。

表 6-1　B 市参与评价的营商环境建设部门分类

序号	类别	部门名称
1	综合审批监管部门	市公安局、市司法局、市市场监管局、市行政审批局、市发展改革委、市工信局、市自然资源局、市住建局、市交通运输局
2	社会事业部门	市教育局、市科技局、市人社局、市卫生健康委、市医保局

续表

序号	类别	部门名称
3	中省直单位	市税务局、市海关、市供电公司、市银保监分局、市法院、市生态环境局、人民银行市中心支行
4	市政府直属事业单位	市经济合作服务中心、市不动产登记中心、市政务服务中心、市市场监管服务中心

按照4个类别划分的各部门市场主体满意度调查具体得分情况如表6-2、图6-1所示。

表6-2　市场主体对营商环境建设部门的满意度情况

序号	类别	部门得分	排名
1	中省直单位	96.33	1
2	市政府直属事业单位	95.74	3
3	综合审批监管部门	95.61	2
4	社会事业部门	95.56	4

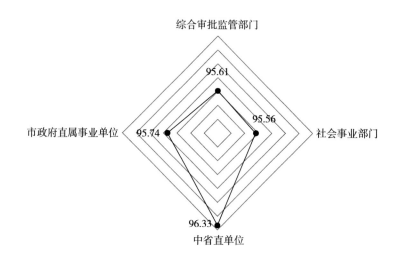

图6-1　市场主体对营商环境建设部门的满意度情况

调查数据显示，四类部门中营商环境市场主体满意度得分最高的是中省直单位，得分为 96.33 分；其次是市政府直属事业单位，得分为 95.74 分；社会事业部门得分最低，为 95.56 分。

第二节　市场主体对营商环境
建设部门的满意度分析

一、综合审批监管部门

综合审批监管部门满意度调查对象共包括市公安局、市行政审批局、市市场监管局、市司法局、市发展改革委、市工信局、市自然资源局、市住建局、市交通运输局九个部门，其中得分最高的是市公安局，得分为 96.767 分；最低的是市交通运输局，得分为94.587 分。具体评价情况如表6-3所示。

表6-3　综合审批监管部门营商环境市场主体满意度得分情况

序号	部门	得分	问卷数（份）
1	市公安局	96.767	431
2	市工业和信息化局	95.815	390
3	市市场监管局	95.697	436
4	市发展改革委	95.519	409
5	市行政审批局	95.510	444
6	市自然资源局	95.411	368
7	市住房城乡建设局	95.018	395
8	市司法局	94.961	375
9	市交通运输局	94.587	404

（一）市公安局总体满意度得分情况

课题组根据市公安局的工作职责，围绕"优化企业开办流程、压缩企业开办时间工作"，"提高政务服务网办率，打通部门数据壁垒工作"，"加强公章刻制企业特种行业管理工作"，"规范行政执法、完善行政裁量权基准制度工作"，"保障民营企业合法权益工作"，"打击非法集资工作"等方面，设计了市场主体满意度调查问卷。

调查结果显示，共有431位受访者填写了市公安局的问卷。通过对数据进行分析，市公安局的市场主体满意度总得分为96.767分。从得分上来看，市场主体及公众对市公安局优化营商环境的工作满意度评价较高。具体评价情况如表6-4所示。

表6-4　市公安局优化营商环境市场主体满意度得分情况

序号	题项	得分
1	您对市公安局营商环境建设工作的总体满意度	97.146
2	您对市公安局优化企业开办流程、压缩企业开办时间工作的满意度	97.125
3	您对市公安局提高政务服务网办率，打通部门数据壁垒工作的满意度	96.775
4	您对市公安局加强公章刻制企业特种行业管理工作的满意度	97.116
5	您对市公安局规范行政执法、完善行政裁量权基准制度工作的满意度	96.809
6	您对市公安局强化"互联网+监管"，推进移动监管、智慧监管工作的满意度	96.664
7	您对市公安局保障民营企业合法权益工作的满意度	96.868
8	您对市公安局缓解停车难、治理乱停车工作的满意度	95.313
9	您对市公安局打击非法集资工作的满意度	96.567
10	您对市公安局维护"亲""清"新型政商关系的满意度	97.016
11	您对市公安局工作效率的满意度	96.803
12	您对市公安局工作作风的满意度	96.580

续表

序号	题项	得分
13	您对市公安局信息公开的满意度	96.818
14	您对市公安局依法行政的满意度	97.133
市公安局市场主体满意度总得分		**96.767**

在问卷调查过程中，市场主体及公众对市公安局提出了一些问题与建议，如有受访者提出，"多做实事，为老百姓多办事"，"保护个体经营者合法权益"等。具体问题及建议如表6-5所示。

表6-5 市场主体和群众对市公安局提出的问题及建议

序号	问题及建议
1	缺少政策宣传，有好的政策老百姓不知道
2	希望改进服务态度，对提问更耐心一点
3	停车位可以多划分一些
4	简化户口迁移程序，缩短办理时间
5	保护个体经营者合法权益
6	违章拍摄设置不合理，违法标线设置不合理，对申诉应及时响应
7	多做实事，为老百姓多办事
8	提高办事效率，简化流程
9	案件报案进展没有主动反馈，当事人不了解案件进展情况和结果

（二）市行政审批局总体满意度得分情况

课题组根据市行政审批局的工作职责，围绕"优化政务服务流程，提升服务便利化水平"，"压缩审批时限工作"，"加强政务服务事项目录标准化、规范化管理"，"推进'一网通办'工作"，"推进政务服务'一窗通办'工作"，"推进工程建设项目审批制度改革工作"，"处理营商环境投诉工作"，"开展政务服务'好差评'工作"等方面，设计了市场主体满意度调查问卷。

调查结果显示，共有 444 位受访者填写了市行政审批局的问卷。通过对数据进行分析，市行政审批局的市场主体满意度总得分为 95.51 分。具体评价情况如表 6-6 所示。

表 6-6　市行政审批局优化营商环境市场主体满意度得分

序号	题项	得分
1	您对市行政审批局营商环境建设工作的总体满意度	95.789
2	您对市行政审批局优化政务服务流程，提升服务便利化水平的满意度	95.688
3	您对市行政审批局压缩审批时限工作的满意度	95.335
4	您对市行政审批局加强政务服务事项目录标准化、规范化管理的满意度	95.365
5	您对市行政审批局推进"一网通办"工作的满意度	95.566
6	您对市行政审批局推进政务服务"一窗通办"工作的满意度	95.661
7	您对市行政审批局推进工程建设项目审批制度改革工作的满意度	95.531
8	您对市行政审批局处理营商环境投诉工作的满意度	95.131
9	您对市行政审批局开展政务服务"好差评"工作的满意度	95.106
10	您对市行政审批局维护"亲""清"新型政商关系的满意度	95.529
11	您对市行政审批局工作效率的满意度	95.574
12	您对市行政审批局工作作风的满意度	95.579
13	您对市行政审批局信息公开的满意度	95.631
14	您对市行政审批局依法行政的满意度	95.650
市行政审批局市场主体满意度总得分		**95.510**

从得分上来看，市场主体及公众对市行政审批局优化营商环境的工作满意度评价较高。但在问卷调查过程中，也有受访者反映"需要提高各个部门整体素质""行政审批不够严格"等问题，相关工作有待进一步优化完善。

（三）市市场监管局总体满意度得分情况

课题组根据市市场监管局的工作职责，围绕"提升办事便利度""规范行政审批中介服务""推进'一网通办'""知识产权质押融资""工作效率"及"工作作风"等方面，设计了市场主体满意度调查问卷。

调查结果显示，共有 436 位受访者填写了市市场监管局的问卷。通过对数据进行分析，市市场监管局的市场主体满意度总得分为 95.697 分。具体评价情况如表 6-7 所示。

表 6-7　市市场监管局优化营商环境市场主体满意度得分情况

序号	题项	得分
1	您对市市场监管局营商环境建设工作的总体满意度	96.140
2	您对市市场监管局优化政务服务流程，提升办事便利度工作的满意度	95.785
3	您对市市场监管局规范行政审批中介服务工作的满意度	95.368
4	您对市市场监管局推进"一网通办"工作的满意度	95.457
5	您对市市场监管局知识产权质押融资工作的满意度	95.918
6	您对市市场监管局知识产权创造和保护工作的满意度	95.614
7	您对市市场监管局规范行政执法、完善行政裁量权基准制度工作的满意度	95.607
8	您对市市场监管局全面实施"双随机、一公开"监管工作的满意度	95.452
9	您对市市场监管局加强食品药品监管工作的满意度	95.207
10	您对市市场监管局培育"个转企"工作的满意度	95.647
11	您对市市场监管局维护"亲""清"新型政商关系的满意度	95.683
12	您对市市场监管局工作效率的满意度	95.810
13	您对市市场监管局工作作风的满意度	95.923
14	您对市市场监管局信息公开的满意度	95.904
15	您对市市场监管局依法行政的满意度	95.937
市市场监管局市场主体满意度总得分		**95.697**

从得分上来看，市场主体和公众对市市场监管局优化营商环境的工作满意度评价较高。

在问卷调查过程中，市场主体和群众也对市市场监管局提出了一些问题与建议，如有受访者提出，"希望为企业减少各种承办的手续，优化营商环境"。具体问题及建议如表6-8所示。

表6-8　市场主体和群众对市市场监管局提出的问题及建议

序号	问题及建议
1	希望为企业减少各种承办的手续，优化营商环境
2	希望尊重企业意见，为百姓排忧解难，提高办事效率

（四）市司法局总体满意度得分情况

课题组根据市司法局的工作职责，围绕"推进行政执法体制改革有关工作""公证服务质量监督工作""推进证明事项清理工作""开展普法工作"等方面，设计了市场主体满意度调查问卷。

调查结果显示，共有375位受访者填写了市司法局的问卷。通过对数据进行分析，市司法局的市场主体满意度总得分为94.961分。具体评价情况如表6-9所示。

表6-9　市司法局优化营商环境市场主体满意度得分情况

序号	题项	得分
1	您对市司法局营商环境建设工作的总体满意度	90.987
2	您对市司法局推进行政执法体制改革有关工作的满意度	95.159
3	您对市司法局在全市建立全覆盖、分领域、多层次的行政裁量标准体系的满意度	95.465

续表

序号	题项	得分
4	您对市司法局公证服务质量监督工作的满意度	95.114
5	您对市司法局推进证明事项清理工作的满意度	95.245
6	您对市司法局组织律师深入企业开展"法治体检"工作的满意度	95.186
7	您对市司法局开展普法工作的满意度	95.129
8	您对市司法局维护"亲""清"新型政商关系的满意度	95.187
9	您对市司法局工作效率的满意度	95.499
10	您对市司法局工作作风的满意度	95.584
11	您对市司法局信息公开的满意度	95.607
12	您对市司法局依法行政的满意度	95.376
市司法局市场主体满意度总得分		**94.961**

从得分上来看，市场主体及公众对市司法局优化营商环境建设工作满意度评价较高，各项具体指标评分均高于95分，但总体满意度一项得分为90.987分，说明仍有工作待改进。具体如表6-10所示，有22.1%的受访者对"市司法局营商环境建设工作的总体满意度"评价是"比较满意"，说明在营商环境建设工作的总体满意度上，市司法局距离市场主体的要求还有一些距离，相关工作有待优化。

表6-10　市司法局营商环境建设工作总体满意度频数分析

满意程度	数量（份）	占比（%）
非常满意	245	65.3
比较满意	83	22.1
一般	21	5.6
比较不满意	5	1.3
非常不满意	1	0.3
不清楚	20	5.3

在问卷调查过程中，市场主体和群众对市司法局提出了一些问题与建议，如有受访者提出，"普法工作有待加强"，"希望坚持秉公执法，保证良好的服务态度"。具体问题及建议如表 6-11 所示。

表 6-11　市场主体和群众对市司法局提出的问题及建议

序号	问题及建议
1	希望司法局能够依法多为老百姓办实事
2	司法部门工作人员应该不断提高自身专业素养，持续改进服务态度，提高办事效率
3	普法工作有待加强
4	希望坚持秉公执法，保证良好的服务态度

（五）市发展改革委总体满意度得分情况

课题组根据市发展改革委的工作职责，围绕"服务重点项目落地建设工作"，"培育战略性新兴产业工作"，"推进'一网通办'工作"，"推进工程建设项目审批制度改革工作"，"降低企业运行成本，整治涉企乱收费工作"，"减免国有房产租金，缓解小微企业房租压力工作"，"完善政务信用管理体系"等方面，设计了市场主体满意度调查问卷。

调查结果显示，共有 409 位受访者填写了市发展改革委的问卷。通过对数据进行分析，市发展改革委的市场主体满意度总得分为 95.519 分。具体评价情况如表 6-12 所示。

表 6-12　市发展改革委优化营商环境市场主体满意度得分情况

序号	题项	得分
1	您对市发展改革委营商环境建设工作的总体满意度	96.181
2	您对市发展改革委服务重点项目落地建设工作的满意度	95.766

续表

序号	题项	得分
3	您对市发展改革委培育战略性新兴产业工作的满意度	95.684
4	您对市发展改革委推进"一网通办"工作的满意度	95.969
5	您对市发展改革委推进工程建设项目审批制度改革工作的满意度	95.535
6	您对市发展改革委缓解中小微企业"融资难、融资贵"工作的满意度	94.617
7	您对市发展改革委推进供暖、供电、供气、供水等领域的市场化改革的满意度	94.160
8	您对市发展改革委降低企业运行成本，整治涉企乱收费工作的满意度	95.361
9	您对市发展改革委减免国有房产租金，缓解小微企业房租压力工作的满意度	95.305
10	您对市发展改革委完善政务信用管理体系的满意度	95.407
11	您对市发展改革委编制"十四五"规划工作的满意度	96.011
12	您对市发展改革委维护"亲""清"新型政商关系的满意度	95.455
13	您对市发展改革委工作效率的满意度	95.408
14	您对市发展改革委工作作风的满意度	95.799
15	您对市发展改革委信息公开的满意度	95.688
16	您对市发展改革委行政执法的满意度	95.952
市发展改革委市场主体满意度总得分		**95.519**

从得分上来看，市场主体及公众对市发展改革委优化营商环境的工作满意度评价较高。

在问卷调查过程中，市场主体和群众对市发展改革委提出了一些问题与建议，如有受访者提出，"项目申报要逐级上报，部分部门对自身职责不明确"；"国家政策和建议要及时送到企业手中，让好的国家政策早日落地实施"。具体问题及建议如表6-13所示。

表6-13　市场主体和群众对市发展改革委提出的问题及建议

序号	问题及建议
1	项目申报要逐级上报，部分部门对自身职责不明确

序号	问题及建议
2	基层干部应该加强业务的学习，提升业务熟练度
3	国家政策和建议要及时送到企业手中，让好的国家政策早日落地实施
4	建议政府重视非遗项目
5	提高办事效率
6	关注民生，重视热点问题解决
7	能够更严格执行国家的法律法规

（六）市自然资源局总体满意度得分情况

课题组根据市自然资源局的工作职责，围绕"推进工程建设项目审批制度改革工作"，"推进多规合一工作"，"改善居住环境质量"，"做好矿山整治、修复生态系统工作"等方面，设计了市场主体满意度调查问卷。

调查结果显示，共有 368 位受访者填写了市自然资源局的问卷。通过对数据进行分析，市自然资源局的市场主体满意度总得分为 95.411 分。具体评价情况如表 6-14 所示。

表 6-14 市自然资源局优化营商环境市场主体满意度得分情况

序号	题项	得分
1	您对市自然资源局营商环境建设工作的总体满意度	96.173
2	您对市自然资源局优化政务服务流程，提升办事便利度工作的满意度	95.831
3	您对市自然资源局推进"一网通办"工作的满意度	95.301
4	您对市自然资源局推进工程建设项目审批制度改革工作的满意度	95.245
5	您对市自然资源局推进多规合一工作的满意度	95.449
6	您对市自然资源局降低企业工程建设项目报建成本的满意度	95.559
7	您对市自然资源局全面实施"双随机、一公开"监管工作的满意度	95.442

续表

序号	题项	得分
8	您对市自然资源局改善居住环境质量的满意度	95.000
9	您对市自然资源局做好矿山整治、修复生态系统工作的满意度	94.898
10	您对市自然资源局维护"亲""清"新型政商关系的满意度	95.269
11	您对市自然资源局工作效率的满意度	95.674
12	您对市自然资源局工作作风的满意度	95.198
13	您对市自然资源局信息公开的满意度	95.279
14	您对市自然资源局依法行政的满意度	95.434
市自然资源局市场主体满意度总得分		**95.411**

从得分上来看，市场主体及公众对市自然资源局优化营商环境建设工作满意度评价较高。

在问卷调查过程中，市场主体和群众对市自然资源局提出了一些问题与建议，如有受访者提出，"应加快推进老旧小区电梯修建工作，高效利用老旧住宅，避免出现老旧小区成为'都市荒野'，造成城市资源和土地浪费"；"加强矿山整治"。

（七）市交通运输局总体满意度得分情况

课题组根据市交通运输局的工作职责，围绕"优化政务服务流程，提升办事便利度工作"，"推进'一网通办'工作"，"规范行政执法、完善行政裁量权基准制度工作"，"降低企业物流成本工作"，"提升出行便利度和舒适度"，"规范出租交通行业管理，塑造窗口形象工作"，"工作效率"以及"工作作风"等方面，设计了市场主体满意度调查问卷。

调查结果显示，共有404位受访者填写了市交通运输局的问卷。通过对数据进行分析，市交通运输局的市场主体满意度总得分为

94.587 分。具体评价情况如表 6-15 所示。

表 6-15　市交通运输局优化营商环境市场主体满意度得分情况

序号	题项	得分
1	您对市交通运输局营商环境建设工作的整体满意度	95.063
2	您对市交通运输局优化政务服务流程，提升办事便利度工作的满意度	94.721
3	您对市交通运输局推进"一网通办"工作的满意度	94.830
4	您对市交通运输局规范行政执法、完善行政裁量权基准制度工作的满意度	94.278
5	您对市交通运输局全面实施"双随机、一公开"监管工作的满意度	94.776
6	您对市交通运输局交通工程项目招标投标监管工作的满意度	94.850
7	您对市交通运输局降低企业物流成本工作的满意度	94.406
8	您对市交通运输局提升出行便利度和舒适度的满意度	94.643
9	您对市交通运输局规范出租交通行业管理，塑造窗口形象工作的满意度	93.953
10	您对市交通运输局维护"亲""清"新型政商关系的满意度	94.583
11	您对市交通运输局工作效率的满意度	94.592
12	您对市交通运输局工作作风的满意度	94.354
13	您对市交通运输局信息公开的满意度	94.948
14	您对市交通运输局依法行政的满意度	94.219
市交通运输局市场主体满意度总得分		**94.587**

从得分上来看，市场主体及公众对市交通运输局优化营商环境建设工作满意度评价较高，但仍有部分工作有待改进，评分较低的题项及其频数分析如表 6-16 所示。

表 6-16　市交通运输局低分题的频数分析

满意程度	规范出租交通行业管理，塑造窗口形象工作	
	数量（份）	占比（%）
非常满意	236	58.4
比较满意	98	24.3

续表

满意程度	规范出租交通行业管理，塑造窗口形象工作	
	数量（份）	占比（％）
一般	36	8.9
比较不满意	7	1.7
非常不满意	4	1.0
不清楚	23	5.7

从占比上来看，有24.3%的受访者对"市交通运输局营商环境建设的总体满意度"评价是"比较满意"，说明在规范出租交通行业管理，塑造窗口形象工作上，市交通运输局距离市场主体的要求还有一些距离，相关工作有待优化。

在问卷调查过程中，市场主体和群众对市交通运输局也提出了一些问题与建议，如有受访者提出，应优化公交车停车环境，规范公交车专用道使用问题，加强道路修建和维护，整治车辆超载和非法运营问题等。具体问题及建议如表6-17所示。

表6-17 市场主体和群众对市交通运输局提出的问题及建议

序号	问题及建议
1	进一步优化站前公交车停车环境，整治公交车临时停车场影响交通安全，应该在道路旁修建明显的标志
2	道路缺少总体规划
3	需要加大力度规范公交车专用道使用问题，减少上下班坐车时间
4	希望尽快开通从主公路到前山的道路
5	加强打击非法运营的车辆
6	超载车辆大量存在，导致标载企业生存艰难
7	尽量避免机动车在行车道上行驶，希望监督停车规范
8	办事流程应该更公开透明
9	希望改善办事态度

（八）市工业和信息化局总体满意度得分情况

课题组根据市工业和信息化局（以下简称市工信局）的工作职责，围绕"推进产业结构调整、转型升级"，"开展产业链强链、延链、补链工作"，"清理国有企业拖欠民营企业中小企业账款工作"，"保障民营企业平等获取生产要素和政策支持，清理废除与企业性质挂钩的不合理规定工作"，"培育战略性新兴产业工作"等方面，设计了市场主体满意度调查问卷。

调查结果显示，共有 390 位受访者填写了市工信局的问卷。通过对数据进行分析，市工信局的市场主体满意度总得分为 95.815分。具体评价情况如表 6-18 所示。

表 6-18　市工信局优化营商环境市场主体满意度得分情况

序号	题项	得分
1	您对市工信局营商环境建设工作的总体满意度	96.257
2	您对市工信局推进供暖、供电、供气、供水等领域的市场化改革的满意度	94.082
3	您对市工信局推进产业结构调整、转型升级的满意度	95.934
4	您对市工信局开展产业链强链、延链、补链工作的满意度	95.675
5	您对市工信局推进"个转企，小升规，规升巨"工作的满意度	95.687
6	您对市工信局清理国有企业拖欠民营企业中小企业账款工作的满意度	95.237
7	您对市工信局保障民营企业平等获取生产要素和政策支持，清理废除与企业性质挂钩的不合理规定工作的满意度	95.929
8	您对市工信局培育战略性新兴产业工作的满意度	95.905
9	您对市工信局维护"亲""清"新型政商关系的满意度	96.076
10	您对市工信局工作效率的满意度	96.141
11	您对市工信局工作作风的满意度	96.307
12	您对市工信局信息公开的满意度	96.071

续表

序号	题项	得分
13	您对市工信局依法行政的满意度	96.294
市工信局市场主体满意度总得分		**95.815**

从得分上来看，市场主体及公众对市工业和信息化局优化营商环境的工作满意度评价较高。

在问卷调查过程中，市场主体和群众对市工业和信息化局提出了一些问题与建议，如有受访者提出，建议"对民营企业给一些政策的扶持，尤其是在融资方面"；希望"积极主动地配合企业，提高办事效率"；"加大中小企业扶持力度"。

（九）市住房城乡建设局总体满意度得分情况

课题组根据市住房城乡建设局的工作职责，围绕"推进工程建设项目审批制度改革""市政工程项目招标投标监管""提升办事便利度""多领域市场化改革""工作效率"及"工作作风"等方面，设计了市场主体满意度调查问卷。

调查结果显示，共有 395 位受访者填写了市住房城乡建设局问卷。通过对数据进行分析，市住房城乡建设局的市场主体满意度总得分为 95.018 分。具体评价情况如表 6-19 所示。

表 6-19　市住房城乡建设局优化营商环境市场主体满意度得分情况

序号	题项	得分
1	您对市住建局营商环境建设工作的整体满意度	96.077
2	您对市住建局优化政务服务流程，提升办事便利度工作的满意度	95.524
3	您对市住建局推进"一网通办"工作的满意度	95.383

续表

序号	题项	得分
4	您对市住建局推进工程建设项目审批制度改革工作的满意度	94.987
5	您对市住建局降低企业工程建设项目报建成本的满意度	94.987
6	您对市住建局全面实施"双随机、一公开"监管工作的满意度	95.121
7	您对市住建局市政工程项目招标投标监管工作的满意度	94.836
8	您对市住建局加大对实体企业供暖、供电、供气、供水等领域市场化改革力度的满意度	93.963
9	您对市住建局推进供暖、供水、排水管网建设工作的满意度	94.222
10	您对市住建局完善保障性住房与人才住房制度工作的满意度	94.757
11	您对市住建局规范物业管理，提升宜居环境工作的满意度	94.695
12	您对市住建局维护"亲""清"新型政商关系的满意度	95.280
13	您对市住建局工作效率的满意度	95.236
14	您对市住建局工作作风的满意度	95.171
15	您对市住建局信息公开的满意度	94.844
16	您对市住建局依法行政的满意度	95.208
市住房城乡建设局市场主体满意度总得分		**95.018**

从得分上来看，市场主体和公众对市住房城乡建设局优化营商
环境的工作满意度评价较高，但仍有部分工作有待改进，评分较低
的题项及其频数分析如表 6-20 所示。

表6-20 市住房城乡建设局低分题的频数分析

满意程度	加大对实体企业供暖、供电、供气、供水等领域市场化改革力度	
	数量（份）	占比（%）
非常满意	233	59
比较满意	98	24.8
一般	31	7.8
比较不满意	3	0.8
非常不满意	11	2.8
不清楚	19	4.8

在问卷调查过程中，市场主体和群众对市住房城乡建设局也提出了一些问题与建议，如有受访者提出，"供暖不达标"；"上传测绘会卡顿，提示成功了，但是并没有真正成功，需要重复上传，应优化改进网站建设"。具体问题及建议如表6-21所示。

表6-21　市场主体和群众对市住房城乡建设局提出的问题及建议

序号	问题及建议
1	供暖不达标
2	继续保持目前推行的工作态势，为企业做好服务，疫情期间进一步加快建设项目审批的报件速度
3	上传测绘会卡顿，提示成功了，但是并没有真正成功，需要重复上传，应优化改进网站建设

二、社会事业部门

社会事业部门满意度调查对象包括市卫生健康委、市科技局、市教育局、市医保局、市人力资源社会保障局五个部门，其中得分最高的是市卫生健康委，得分为96.505分；最低的是市人力资源社会保障局，得分为94.843分。具体情况如表6-22所示。

表6-22　社会事业部门营商环境市场主体满意度得分情况

序号	部门	得分	问卷数（份）
1	市卫生健康委	96.505	402
2	市科技局	95.705	380
3	市教育局	95.612	386
4	市医保局	95.137	459
5	市人力资源和社会保障局	94.843	486

（一）市卫生健康委总体满意度得分情况

课题组根据市卫生健康委的工作职责，围绕"疫情防控""提高基本医疗服务水平""发展大健康产业""提升办事便利度""工作效率"及"工作作风"等方面，设计了市场主体满意度调查问卷。

调查结果显示，共有 402 位受访者填写了市卫生健康委的问卷。通过对数据进行分析，市卫生健康委的市场主体满意度总得分为 96.505 分。具体评价情况如表 6-23 所示。

表 6-23　市卫生健康委优化营商环境市场主体满意度得分情况

序号	题项	得分
1	您对市卫生健康委营商环境建设工作的整体满意度	97.126
2	您对市卫生健康委疫情防控工作的满意度	96.853
3	您对市卫生健康委提高基本医疗服务水平的满意度	96.433
4	您对市卫生健康委发展大健康产业工作的满意度	96.371
5	您对市卫生健康委优化政务服务流程，提升办事便利度工作的满意度	96.538
6	您对市卫生健康委全面实施"双随机、一公开"监管工作的满意度	96.157
7	您对市卫生健康委规范行政执法、完善行政裁量权基准制度工作的满意度	96.307
8	您对市卫生健康委维护"亲""清"新型政商关系的满意度	96.218
9	您对市卫生健康委工作效率的满意度	96.381
10	您对市卫生健康委工作作风的满意度	96.426
11	您对市卫生健康委信息公开的满意度	96.682
12	您对市卫生健康委依法行政的满意度	96.564
市卫生健康委市场主体满意度总得分		**96.505**

从得分上来看，市场主体和公众对市卫生健康委优化营商环境的工作满意度评价较高。

在问卷调查过程中，市场主体和群众对市卫生健康委提出了一些问题与建议，如有受访者提出，"应按程序和制度来执法"，"加强对执法人员执法行为的约束和监督"等。具体问题及建议如表6-24所示。

表6-24　市场主体和群众对市卫生健康委提出的问题及建议

序号	问题及建议
1	应按程序和制度来执法
2	防疫信息传播速度要快
3	多下基层指导
4	加强对执法人员执法行为的约束和监督
5	应加大对各种外卖餐饮业的监管和检查力度

(二) 市科技局总体满意度得分情况

课题组根据市科技局的工作职责，围绕"推进科技创新平台建设与科技资源共享"，"培育高新技术企业、科技型中小企业工作"，"推进企业与高校、科研院所对接工作"，"缓解科技型中小微企业'融资难、融资贵'问题"，"引进科技人才工作"等方面，设计了市场主体满意度调查问卷。

调查结果显示，共有380位受访者填写了市科技局的问卷。通过对数据进行分析，市科技局的市场主体满意度总得分为95.705分。具体评价情况如表6-25所示。

表6-25　市科技局优化营商环境市场主体满意度得分情况

序号	题项	得分
1	您对市科技局营商环境建设工作的总体满意度	96.496

续表

序号	题项	得分
2	您对市科技局推进科技创新平台建设与科技资源共享的满意度	95.821
3	您对市科技局培育高新技术企业、科技型中小企业工作的满意度	95.648
4	您对市科技局推进企业与高校、科研院所对接工作的满意度	95.476
5	您对市科技局缓解科技型中小微企业"融资难、融资贵"问题的满意度	95.449
6	您对市科技局引进科技人才工作的满意度	95.391
7	您对市科技局维护"亲""清"新型政商关系的满意度	95.685
8	您对市科技局工作效率的满意度	95.632
9	您对市科技局工作作风的满意度	95.821
10	您对市科技局信息公开的满意度	95.706
11	您对市科技局依法行政的满意度	95.632
市科技局市场主体满意度总得分		**95.705**

从得分上来看，市场主体及公众对市科技局优化营商环境的工作满意度评价较高。

在问卷调查过程中，市场主体和群众对市科技局提出了一些问题与建议，如有受访者提出，"要对高端人才给予优惠政策，加大对有研发能力企业的扶持力度"。

（三）市教育局总体满意度得分情况

课题组根据市教育局的工作职责，围绕"推进普惠性幼儿园建设工作""发展职业教育工作""开展在职教师有偿补课专项整治行动""落实疫情防控工作""创建平安校园工作"等方面，设计了市场主体满意度调查问卷。

调查结果显示，共有386位受访者填写了市教育局的问卷。通过对数据进行分析，市教育局的市场主体满意度总得分为95.612

分。具体评价情况如表6-26所示。

表6-26　市教育局优化营商环境市场主体满意度得分情况

序号	题项	得分
1	您对市教育局营商环境建设工作的总体满意度	96.082
2	您对市教育局推进普惠性幼儿园建设工作的满意度	95.808
3	您对市教育局发展职业教育工作的满意度	95.592
4	您对市教育局开展在职教师有偿补课专项整治行动的满意度	93.443
5	您对市教育局落实疫情防控工作的满意度	96.424
6	您对市教育局创建平安校园工作的满意度	96.062
7	您对市教育局工作效率的满意度	95.470
8	您对市教育局工作作风的满意度	95.625
9	您对市教育局信息公开的满意度	95.689
10	您对市教育局依法行政的满意度	95.929
市教育局市场主体满意度总得分		**95.612**

从得分上来看，市场主体及公众对市教育局优化营商环境的工作满意度评价较高，但仍有部分工作有待改进，评分较低的题项及其频数分析如表6-27所示。

表6-27　市教育局低分题的频数分析表

满意程度	开展在职教师有偿补课专项整治行动		工作作风	
	数量（份）	占比（%）	数量（份）	占比（%）
非常满意	222	53.8	249	60.3
比较满意	94	22.8	93	22.5
一般	44	10.7	31	7.5
比较不满意	20	4.8	9	2.2
非常不满意	17	4.1	11	2.7
不清楚	16	3.9	20	4.8

从占比上来看，有 22.8% 的受访者对"市教育局开展在职教师有偿补课专项整治行动的满意度"评价是"比较满意"；有 22.5% 的受访者对"市教育局工作作风的满意度"评价是"比较满意"，说明在开展在职教师有偿补课专项整治行动和工作作风上，市教育局距离市场主体的要求还有一些距离，相关工作有待优化。

在问卷调查过程中，市场主体和群众对市教育局也提出了一些问题与建议，如有受访者提出，应"对校外有偿补课现象加强监管"，"对于没有教育许可证的机构进行整改，对非法经营机构进行整改"。具体问题及建议如表 6-28 所示。

表 6-28　市场主体和群众对市教育局提出的问题及建议

序号	问题及建议
1	建议让孩子在校吃饭，找一些有资质的单位给孩子提供午餐，保障食品安全
2	对校外有偿补课现象加强监管
3	学校规划建设不够合理
4	建议市教育局让非物质文化遗产、手工剪纸等项目走进校园，让非遗项目像其他学科一样形成正式学校学科，让传承从娃娃抓起
5	加大对在职教师的监管
6	有效引导孩子在校的不规范行为
7	对于没有教育许可证的机构进行整改，对非法经营机构进行整改
8	建议在校教师细化讲解新知识点，不要盲目采用讨论式教学方法

（四）市医保局总体满意度得分情况

课题组根据市医保局的工作职责，围绕"提升服务便利化水平""推进'一网通办'""落实减税降费政策""工作效率"及"工作作风"等方面，设计了市场主体满意度调查问卷。

　　调查结果显示，共有459位受访者填写了市医保局的问卷。通过对数据进行分析，市医保局的市场主体满意度总得分为95.137分。具体评价情况如表6-29所示。

表6-29　市医保局优化营商环境市场主体满意度得分情况

序号	题项	得分
1	您对市医保局营商环境建设工作的总体满意度	95.622
2	您对市医保局创新政务服务方式，提升服务便利化水平的满意度	94.876
3	您对市医保局推进"一网通办"工作的满意度	94.977
4	您对市医保局落实减税降费政策工作的满意度	94.673
5	您对市医保局依法查处医疗保障领域违法违规行为的满意度	95.091
6	您对市医保局维护"亲""清"新型政商关系的满意度	95.592
7	您对市医保局工作效率的满意度	94.978
8	您对市医保局工作作风的满意度	95.134
9	您对市医保局信息公开的满意度	95.169
10	您对市医保局依法行政的满意度	95.262
市医保局市场主体满意度总得分		**95.137**

　　从得分上来看，市场主体和公众对市医保局优化营商环境的工作满意度评价较高。

　　在问卷调查过程中，市场主体和群众对市医保局提出一些了问题与建议，如受访者提出了关于医保报销、服务态度、办事效率等方面的问题。具体问题及建议如表6-30所示。

表6-30　市场主体和群众对市医保局提出的问题及建议

序号	问题及建议
1	希望有关部门加强各种政策的落地实施

序号	问题及建议
2	落实医保全面通
3	优化住院办理程序，提高医院床位利用率，适度提高报销额度，完善医院药品品种
4	异地转移到医保就医，应该实现急诊和部门报销
5	给农民多一点实惠政策
6	提高工作主动性，遇到问题及时上报、主动跟进
7	取社保卡赶上排队人特别多，电脑不好使，前台人员的态度不是很好，我就感觉心里不舒服，大老远来的
8	希望对老百姓再多点耐心
9	希望更易懂一些，对于大家不了解的东西，希望有专门的窗口去具体了解
10	办事周期缩短
11	办事效率有待提高
12	希望办事程序简单些
13	便民程度进一步提升，多开办事窗口节省办理时间

（五）市人力资源和社会保障局总体满意度得分情况

课题组根据市人力资源和社会保障局（以下简称市人社局）的工作职责，围绕"落实城镇新增就业工作""引进高层次人才工作""落实援企稳岗返还工作""实施技能培训工作""调解劳动争议纠纷工作"等方面，设计了市场主体满意度调查问卷。

调查结果显示，共有 486 位受访者填写了市人社局的问卷。通过对数据进行分析，市人社局的市场主体满意度总得分为 94.843分。具体评价情况如表 6-31 所示。

表 6-31　市人社局优化营商环境市场主体满意度得分情况

序号	题项	得分
1	您对市人社局营商环境建设工作的总体满意度	95.500

续表

序号	题项	得分
2	您对市人社局优化政务服务流程,提升办事便利度工作的满意度	95.011
3	您对市人社局推进"一网通办"工作的满意度	94.579
4	您对市人社局落实城镇新增就业工作的满意度	94.847
5	您对市人社局引进高层次人才工作的满意度	94.824
6	您对市人社局落实减税降费政策工作的满意度	95.054
7	您对市人社局落实援企稳岗返还工作的满意度	94.782
8	您对市人社局实施技能培训工作的满意度	94.474
9	您对市人社局调解劳动争议纠纷工作的满意度	94.565
10	您对市人社局维护"亲""清"新型政商关系的满意度	94.967
11	您对市人社局工作效率的满意度	94.503
12	您对市人社局工作作风的满意度	94.767
13	您对市人社局信息公开的满意度	94.925
14	您对市人社局依法行政的满意度	95.000
市人社局市场主体满意度总得分		**94.843**

从得分上来看,市场主体及公众对市人社局优化营商环境建设工作满意度评价较高。

在问卷调查过程中,市场主体和群众对市人社局提出了一些问题与建议,如有受访者提出,"网报系统速度慢,社保审批速度慢"等。具体问题及建议如表6-32所示。

表6-32 市场主体和群众对市人社局提出的问题及建议

序号	问题及建议
1	加强网络申报数据准确度
2	网络不通畅,申报烦琐,服务窗口少
3	网报系统速度慢,社保审批速度慢
4	提高工作效率,开展网办培训,加强网办效率

续表

序号	问题及建议
5	申报网站需要加强维护
6	社保大厅工作人员数量不足
7	减少不必要流程，下属部门业务能力需要提升
8	改进工作态度和服务态度，提高工作效率和政策落实率
9	切实解决百姓的问题
10	各区之间信息不互通，告知不一致
11	大厅工作人员业务素质和技能要提高
12	及时解决反馈问题，可在适当时做问卷抽查，了解有没有需要解决的问题
13	能让求职者更方便地接触用人单位
14	对企业欠缴员工社保费的现象要严加监督
15	对国家普惠企业的政策应该广泛宣传，健全公开政策文件渠道，让企业及时享受优惠政策
16	建议多留一些办公电话号码

三、中省直单位

中省直单位满意度调查对象共包括市税务局、市海关、市供电公司、市银保监分局、市法院、市生态环境局、人民银行市中心支行七个部门，其中得分最高的是市税务局，得分为 98.066 分；最低的是人民银行市中心支行，得分为 95.099 分。具体情况如表 6-33 所示。

表 6-33　中省直单位营商环境市场主体满意度得分情况

序号	部门	得分	问卷数（份）
1	市税务局	98.066	1988
2	市海关	96.990	297
3	市供电公司	96.722	170
4	市银保监分局	96.341	289

续表

序号	部门	得分	问卷数（份）
5	市法院	95.887	156
6	市生态环境局	95.219	389
7	人民银行市中心支行	95.099	129

（一）市税务局总体满意度得分情况

课题组根据市税务局的工作职责，围绕"企业开办""减税降费""优化电子市税务局""纳税服务"等方面，设计了市场主体满意度调查问卷。

调查结果显示，共有1988位受访者填写了市税务局的问卷。通过对数据进行分析，市税务局的市场主体满意度总得分为98.066分。具体评价情况如表6-34所示。

表6-34　市税务局优化营商环境市场主体满意度得分情况

序号	题项	得分
1	您对市税务局营商环境建设工作的总体满意度	98.043
2	您对市税务局优化企业开办流程、压缩企业开办时间工作的满意度	97.927
3	您对市税务局落实减税降费政策工作的满意度	98.124
4	您对市税务局优化电子市税务局，拓展网上办税事项工作的满意度	97.947
5	您对市税务局简化税务注销流程工作的满意度	98.124
6	您对市税务局实施不动产登记、交易和缴税"一窗受理""并行办理"工作的满意度	98.138
7	您对市税务局开展纳税服务工作的满意度	98.093
8	您对市税务局维护"亲""清"新型政商关系的满意度	98.204
9	您对市税务局工作效率的满意度	98.042
10	您对市税务局工作作风的满意度	97.882

续表

序号	题项	得分
11	您对市税务局信息公开的满意度	98.103
12	您对市税务局依法行政的满意度	98.167
	市税务局市场主体满意度总得分	**98.066**

从得分上来看，市场主体及公众对市税务局优化营商环境的工作满意度评价较高。

在问卷调查过程中，市场主体和群众对市税务局提出了一些问题与建议，如有受访者提出，"工作人员服务态度有待提升，办事流程有待进一步公开，与各部门协作联动有待加强"，希望办业务一次办成。具体问题及建议如表6-35所示。

表6-35　市场主体和群众对市税务局提出的问题及建议

序号	问题及建议
1	办税人员应更加专业，清楚政策，能准确回答财税咨询，及时解决问题
2	办业务最好能一次办成
3	大厅服务人员工作衔接应更细致
4	对纳税服务大厅应该加强管理，工作人员要改善服务态度，提高工作效率，加强业务培训
5	办事流程有待进一步公开，与各部门协作联动有待加强
6	给予市中小企业更多扶持和支持
7	更加简化办事流程，政策法规多渠道公开发布
8	加快办事效率，做好政策宣讲与落实
9	加强税企沟通
10	建议增加办事窗口
11	纳税服务可以实现网络远程指导
12	简化申报系统进入方式
13	实现手机缴费

续表

序号	问题及建议
14	税收政策变动应该及时通知纳税人
15	提高税务大厅人员业务水平
16	办税人不熟悉税务网上办理操作流程，建议提供培训
17	网络信息传达更顺畅
18	希望电子税务平台能够更人性化、简单化
19	录制税务知识的视频，供大家学习

（二）市海关总体满意度得分情况

课题组根据市海关的工作职责，围绕"海关通关时长""无纸化通关效率""查验效率"等方面，设计了市场主体满意度调查问卷。

调查结果显示，共有 297 位受访者填写了市海关的问卷。通过对数据进行分析，市海关的市场主体满意度总得分为 96.99 分。具体评价情况如表 6-36 所示。

表 6-36　市海关优化营商环境市场主体满意度得分情况

序号	题项	得分
1	您对市海关营商环境建设工作的总体满意度	97.390
2	您对市海关压缩海关通关时长工作的满意度	97.212
3	您对市海关提高无纸化通关效率工作的满意度	96.679
4	您对市海关提高查验效率工作的满意度	96.567
5	您对市海关全面实施"双随机、一公开"监管工作的满意度	96.815
6	您对市海关维护"亲""清"新型政商关系的满意度	97.041
7	您对市海关工作效率的满意度	96.966
8	您对市海关工作作风的满意度	97.341
9	您对市海关信息公开的满意度	97.100

序号	题项	得分
10	您对市海关依法行政的满意度	96.790
	市海关市场主体满意度总得分	**96.990**

从得分上来看，市场主体及公众对市海关优化营商环境的工作满意度评价较高。

（三）市供电公司总体满意度得分情况

课题组根据市供电公司的工作职责，围绕"用电报装的便利度""用电报装成本""服务质量""工作效率"以及"工作作风"等方面，设计了市场主体满意度调查问卷。

调查结果显示，共有 170 位受访者填写了市供电公司的问卷。通过对数据进行分析，市供电公司的市场主体满意度总得分为96.722 分。具体评价情况如表 6-37 所示。

表 6-37　市供电公司优化营商环境市场主体满意度得分情况

序号	题项	得分
1	您对市供电公司营商环境建设工作的总体满意度	96.588
2	您对市供电公司优化企业用电报装流程工作的满意度	96.535
3	您对市供电公司压缩报装接电时间的满意度	96.997
4	您对市供电公司推行网上报装工作的满意度	96.846
5	您对市供电公司降低用电报装成本的满意度	96.935
6	您对市供电公司提高供电可靠性水平的满意度	97.133
7	您对市供电公司"95598"客户服务热线的满意度	96.471
8	您对市供电公司工作效率的满意度	96.586
9	您对市供电公司工作作风的满意度	96.344

续表

序号	题项	得分
10	您对市供电公司信息公开的满意度	96.787
	市供电公司市场主体满意度总得分	**96.722**

从得分上来看，市场主体和公众对市供电公司优化营商环境的工作满意度评价较高。

在问卷调查过程中，市场主体和群众对市供电公司提出了一些问题与建议，如有受访者提出，"App 里查询不到剩余电量"，希望进一步提高办事效率，简化手续。具体问题及建议如表 6-38 所示。

表 6-38　市场主体和群众对市供电公司提出的问题及建议

序号	问题及建议
1	提高效率和反馈速度
2	要求验表用一年
3	单位办公程序不配套
4	可否对信用企业实行"先用电，后结算"的方式，避免中途断电
5	办事效率有待提高，手续应更加简化
6	App 里查询不到剩余电量
7	能否以信息或其他方式告知用户当月使用电费金额，每月结算电费时间不清楚

（四）市银保监分局总体满意度得分情况

课题组根据市银保监分局的工作职责，围绕"提高企业融资便利""降低企业融资成本""提升融资便利度""工作效率"及"工作作风"等方面，设计了市场主体满意度调查问卷。

调查结果显示，共有 289 位受访者填写了市银保监分局的问卷。

通过对数据进行分析，市银保监分局的市场主体满意度总得分为96.341分。具体评价情况如表6-39所示。

表6-39　市银保监分局市场主体满意度得分

序号	题项	得分
1	您对银保监分局营商环境建设工作的总体满意度	96.840
2	您对银保监分局提高中小微企业融资便利工作的满意度	96.134
3	您对银保监分局压缩银行机构贷款发放时间工作的满意度	96.157
4	您对银保监分局降低企业融资成本工作的满意度	96.377
5	您对银保监分局加大续贷政策落实力度，简化续贷办理流程工作的满意度	96.353
6	您对银保监分局全面实施"双随机、一公开"监管工作的满意度	96.475
7	您对银保监分局工作效率的满意度	96.377
8	您对银保监分局工作作风的满意度	96.541
9	您对银保监分局信息公开的满意度	95.811
市银保监分局市场主体满意度总得分		**96.341**

从得分上来看，市场主体和公众对市银保监分局优化营商环境的工作满意度评价较高，但有受访者表示，希望进一步"加大监督力度"，"不忘初心，坚持本职工作"。

（五）市法院总体满意度得分情况

课题组根据市法院的工作职责，围绕"切实保护企业家合法权益工作"，"法院畅通立案渠道，实施网上立案工作"，"加强诉讼服务中心建设工作"，"压缩案件审理周期工作"，"规范执行工作"，"建立多元化纠纷解决机制工作"，"办理破产案件工作"等方面，设计了市场主体满意度调查问卷。

调查结果显示，共有156位受访者填写了市法院的问卷。通过对数据进行分析，市法院的市场主体满意度总得分为95.887分。具体评价情况如表6-40所示。

表6-40　市法院优化营商环境市场主体满意度得分情况

序号	题项	得分
1	您对市法院营商环境建设工作的总体满意度	95.909
2	您对市法院切实保护企业家合法权益工作的满意度	95.789
3	您对市法院畅通立案渠道，实施网上立案工作的满意度	96.234
4	您对市法院加强诉讼服务中心建设工作的满意度	96.144
5	您对市法院压缩案件审理周期工作的满意度	96.118
6	您对市法院规范执行工作的满意度	95.752
7	您对市法院建立多元化纠纷解决机制工作的满意度	95.779
8	您对市法院办理破产案件工作的满意度	95.570
9	您对市法院维护"亲""清"新型政商关系的满意度	95.844
10	您对市法院工作效率的满意度	95.779
11	您对市法院工作作风的满意度	95.948
12	您对市法院信息公开的满意度	95.779
市法院市场主体满意度总得分		**95.887**

从得分上来看，市场主体和公众对市法院优化营商环境的工作满意度评价较高。

在问卷调查过程中，市场主体和群众对市法院提出了一些问题与建议，如有受访者提出，"加强督促下级法院工作效率，尤其是执行环节"，"加强对违法犯罪的打击力度，营造风清气正的营商环境"等。具体问题及建议如表6-41所示。

表6-41　市场主体和群众对市法院提出的问题及建议

序号	问题及建议
1	法治是最好的营商环境，应办好各类涉企案件
2	加强督促下级法院工作效率，尤其是执行环节
3	加强对违法犯罪的打击力度，营造风清气正的营商环境

续表

序号	问题及建议
4	建议多做普法工作，如讲授民法典等内容
5	建议建立经营风险提示机制，定期发布民营企业法律风险防控书、企业诉讼指导手册等。建立典型案例示范引领机制，依托门户网站、官方微信、大众媒体，定期或不定期向社会发布。建立司法精准服务机制，与工商联建立常态化联络机制，建立重点企业走访机制

（六）市生态环境局总体满意度得分情况

课题组根据市生态环境局的工作职责，围绕"大气污染治理工作"，"水污染防治工作"，"推进生活垃圾分类处理工作"，"规范行政执法、完善行政裁量权基准制度工作"，"开展生态环境宣传教育工作"等方面，设计了市场主体满意度调查问卷。

调查结果显示，共有389位受访者填写了市生态环境局的问卷。通过对数据进行分析，市生态环境局的市场主体满意度总得分为95.219分。具体评价情况如表6-42所示。

表6-42　市生态环境局优化营商环境市场主体满意度得分

序号	题项	得分
1	您对市生态环境局营商环境建设工作的总体满意度	96.005
2	您对市生态环境局大气污染治理工作的满意度	94.843
3	您对市生态环境局水污染防治工作的满意度	94.960
4	您对市生态环境局推进生活垃圾分类处理工作的满意度	94.642
5	您对市生态环境局规范行政执法、完善行政裁量权基准制度工作的满意度	95.054
6	您对市生态环境局全面实施"双随机、一公开"监管工作的满意度	95.041
7	您对市生态环境局开展生态环境宣传教育工作的满意度	95.093
8	您对市生态环境局维护"亲""清"新型政商关系的满意度	95.442

续表

序号	题项	得分
9	您对市生态环境局工作效率的满意度	95.411
10	您对市生态环境局工作作风的满意度	95.520
11	您对市生态环境局信息公开的满意度	95.307
12	您对市生态环境局依法行政的满意度	95.307
市生态环境局市场主体满意度总得分		**95.219**

从得分上来看，市场主体和公众对市生态环境局优化营商环境的工作满意度评价较高。但在问卷调查过程中，部分市场主体和群众也提出了存在垃圾没有分类处理等问题。具体问题及建议如表 6-43 所示。

表 6-43　市场主体和群众对市生态环境局提出的问题及建议

序号	问题及建议
1	垃圾没有分类处理
2	收废品、烧轮胎等行为污染环境，应加大整治力度
3	加大水污染治理力度
4	应积极开展包容免罚监管，为企业出谋划策，帮企业渡过难关

（七）人民银行市中心支行总体满意度得分

课题组根据人民银行市中心支行的工作职责，围绕"压缩开户时间""动产担保融资服务""征信机构覆盖面""中小微企业融资便利度"等方面，设计了市场主体满意度调查问卷。

调查结果显示，共有 129 位受访者填写了人民银行市中心支行的问卷。通过对数据进行分析，人民银行市中心支行的市场主体满意度总得分为 95.099 分（见表 6-44）。

表 6-44   人民银行市中心支行市场主体满意度得分

序号	题项	得分
1	您对人民银行市中心支行营商环境建设工作的总体满意度	94.797
2	您对人民银行市中心支行优化开户流程，压缩开户时间的满意度	95.083
3	您对人民银行市中心支行优化动产担保融资服务工作的满意度	94.701
4	您对人民银行市中心支行扩大征信机构覆盖面的满意度	95.214
5	您对人民银行市中心支行提高中小微企业融资便利度工作的满意度	95.345
6	您对人民银行市中心支行工作效率的满意度	95.285
7	您对人民银行市中心支行工作作风的满意度	95.242
8	您对人民银行市中心支行信息公开的满意度	95.124
人民银行市中心支行市场主体满意度总得分		**95.099**

从得分上来看，市场主体及公众对人民银行市中心支行优化营商环境的工作满意度评价较高。

四、市政府直属事业单位

市政府直属事业单位满意度调查对象共包括市经济合作服务中心、市不动产登记中心、市政务服务中心和市市场监管服务中心四个服务中心，其中得分最高的是市经济合作服务中心，得分为96.934 分；最低的是市市场监管服务中心，得分为 94.282 分。具体情况如表 6-45 所示。

表 6-45   市政府直属事业单位营商环境市场主体满意度得分情况

排名	部门	得分	成功问卷数量
1	市经济合作服务中心	96.934	122

排名	部门	得分	成功问卷数量
2	市不动产登记中心	96.078	213
3	市政务服务中心	95.676	193
4	市市场监管服务中心	94.282	362

（一）市经济合作服务中心总体满意度得分情况

课题组根据市经济合作服务中心的工作职责，围绕"开展招商引资工作""推进项目落地工作""为民营企业提供服务工作"等方面，设计了市场主体满意度调查问卷。

调查结果显示，共有122位受访者填写了市经济合作服务中心的问卷。通过对数据进行分析，市经济合作服务中心的市场主体满意度总得分为96.934分（见表6-46）。

表6-46　市经济合作服务中心优化营商环境市场主体满意度得分情况

序号	题项	得分
1	您对市经济合作服务中心营商环境建设工作的总体满意度	97.059
2	您对市经济合作服务中心开展招商引资工作的满意度	96.807
3	您对市经济合作服务中心推进项目落地工作的满意度	97.227
4	您对市经济合作服务中心为民营企业提供服务工作的满意度	96.723
5	您对市经济合作服务中心维护"亲""清"新型政商关系的满意度	96.723
6	您对市经济合作服务中心工作效率的满意度	96.949
7	您对市经济合作服务中心工作作风的满意度	97.034
8	您对市经济合作服务中心信息公开的满意度	96.949
市经济合作服务中心市场主体满意度总得分		**96.934**

从得分上来看，市场主体和公众对市经济合作服务中心优化营

商环境的工作满意度评价较高。

（二）市不动产登记中心总体满意度得分情况

课题组根据市机关管理服务中心的工作职责，围绕"实施不动产登记、交易和缴税'一窗受理''并行办理'工作"，"推进'一网通办'工作"，"压缩不动产登记办理时限"，"拓展登记信息网上查询服务"，"落实企业自主选择公积金缴存比例政策"，"优化住房公积金办理流程、减少企业跑动次数"等方面，设计了市场主体满意度调查问卷。

调查结果显示，共有213位受访者填写了市机关管理服务中心的问卷。通过对数据进行分析，市机关管理服务中心的市场主体满意度总得分为96.078分（见表6-47）。

表6-47　市不动产登记中心优化营商环境市场主体满意度得分情况

序号	题项	得分
1	您对市不动产登记中心营商环境建设工作的总体满意度	96.244
2	您对市不动产登记中心实施不动产登记、交易和缴税"一窗受理""并行办理"工作的满意度	96.103
3	您对市不动产登记中心推进"一网通办"工作的满意度	96.398
4	您对市不动产登记中心压缩不动产登记办理时限的满意度	96.238
5	您对市不动产登记中心拓展登记信息网上查询服务的满意度	96.238
6	您对市不动产登记中心落实企业自主选择公积金缴存比例政策的满意度	96.364
7	您对市不动产登记中心优化住房公积金办理流程、减少企业跑动次数的满意度	96.333
8	您对市不动产登记中心维护"亲""清"新型政商关系的满意度	96.381
9	您对市不动产登记中心工作效率的满意度	95.822
10	您对市不动产登记中心工作作风的满意度	95.634

序号	题项	得分
11	您对市不动产登记中心信息公开的满意度	95.286
12	您对市不动产登记中心依法行政的满意度	95.896
	市不动产登记中心市场主体满意度总得分	**96.078**

从得分上来看，市场主体和公众对市不动产登记中心优化营商环境的工作满意度评价较高。

（三）市政务服务中心总体满意度得分情况

课题组根据市政务服务中心的工作职责，围绕"健全公共资源交易管理制度工作""推进政府采购电子化交易工作""规范公共资源交易现场监管工作"等方面，设计了市场主体满意度调查问卷。

调查结果显示，共有193位受访者填写了市政务服务中心的问卷。通过对数据进行分析，市政务服务中心的市场主体满意度总得分为95.676分（见表6-48）。

表6-48　市政务服务中心优化营商环境市场主体满意度得分情况

序号	题项	得分
1	您对市政务服务中心营商环境建设工作的总体满意度	95.993
2	您对市政务服务中心健全公共资源交易管理制度工作的满意度	95.395
3	您对市政务服务中心推进政府采购电子化交易工作的满意度	95.709
4	您对市政务服务中心规范公共资源交易现场监管工作的满意度	95.496
5	您对市政务服务中心维护"亲""清"新型政商关系的满意度	95.653
6	您对市政务服务中心工作效率的满意度	95.227
7	您对市政务服务中心工作作风的满意度	95.904
8	您对市政务服务中心信息公开的满意度	96.027
	市政务服务中心市场主体满意度总得分	**95.676**

从得分上来看，市场主体和公众对市政务服务中心优化营商环境的工作满意度评价较高。

（四）市市场监管服务中心总体满意度得分情况

课题组根据市市场监管服务中心的工作职责，围绕"检验检测""消费者维权""电梯平台报警处置"等方面，设计了市场主体满意度调查问卷。

调查结果显示，共有 362 位受访者填写了市市场监管服务中心的问卷。通过对数据进行分析，市市场监管服务中心的市场主体满意度总得分为 94.282 分（见表 6-49）。

表 6-49　市市场监管服务中心优化营商环境市场主体满意度得分情况

序号	题项	得分
1	您对市市场监管服务中心营商环境建设工作的总体满意度	94.184
2	您对市市场监管服务中心开展检验检测工作的满意度	94.240
3	您对市市场监管服务中心开展消费者维权工作的满意度	94.236
4	您对市市场监管服务中心开展电梯平台报警处置工作的满意度	94.294
5	您对市市场监管服务中心维护"亲""清"新型政商关系的满意度	94.401
6	您对市市场监管服务中心工作效率的满意度	94.317
7	您对市市场监管服务中心工作作风的满意度	94.272
8	您对市市场监管服务中心信息公开的满意度	94.317
市市场监管服务中心市场主体满意度总得分		**94.282**

从得分上来看，市场主体及公众对市市场监管服务中心优化营商环境的满意度评价较高。

在问卷调查过程中，市场主体和群众对市市场监管服务中心提出了一些问题与建议，如有受访者提出，"加大服务中心的管理力度"　"加强创新机制"等。具体问题及建议如表6-50所示。

表6-50　市场主体和群众对市市场监管服务中心提出的问题及建议

序号	问题及建议
1	工作人员责任心有待进一步增强
2	加强创新机制
3	工作人员素质有待进一步提高
4	加大服务中心的管理力度
5	真正把企业的需求放在首位，诚心诚意地为企业服务
6	最好能增加提前告知服务

第七章

市场主体营商环境满意度的
影响因素与优化对策分析

第一节　影响市场主体营商环境
满意度的因素分析

一、政府供给与企业需求导向存在偏差

1. 世界银行营商环境评价指标存在导向偏差

世界银行的营商环境指标体系虽然涉及开办企业、办理施工许可证、获得电力供应、登记财产、获得信贷、保护少数投资者、纳税、跨境贸易、执行合同、办理破产十个维度，但这些维度主要侧重于制度成本和要素成本的考量。制度成本方面主要涉及国家层面的政治、法规、跨境贸易、税收政策等宏观制度因素，以及企业运营层面的企业开办、登记财产、执行合同、办理破产等微观制度因素；要素成本方面包括考察可利用的基础设施和金融支持等。不可否认，衡量制度性交易成本仍是该指标体系的主要目标，政府供给

导向表现得较为明显。市场主体需求导向则需要将包括要素获取成本、供应链运营成本、配套性生活成本在内的其他成本也纳入考察范围，从维度上对已有指标体系进行丰富和完善。

世界银行的指标体系对于制度成本的测量更多地集中在显性层面上，对隐性成本的关注不够，未能深入贯彻市场主体需求导向。例如，对于开办企业、办理施工许可证、获得电力供应、登记财产、跨境贸易、办理破产等维度的具体测量，均以手续、时间、成本等作为主要考核指标。对于市场主体而言，除了这些显性制度成本之外，更多地还需要考虑隐性制度成本的问题，如制度环境的透明性、公正性、稳定性，这些因素将贯穿于企业经营过程中与政府"打交道"的方方面面。

2. 政府政策供给与企业需求导向存在偏差

为了营造更加稳定、公平、透明的良好营商环境，充分激发市场主体活力，东北地区各地方政府出台很多支持民营经济发展的政策措施，但有些政策措施在服务导向上出现了一些偏差，与企业实际需求存在差距，使政策措施在制定、宣传、落实的过程中，面临落实不好、效果不佳、政策作用没有得到有效发挥的现实窘境。有的扶持政策不精准，不能充分满足市场主体当前最迫切的需求，对市场主体帮扶的效果有限。在调研过程中，有不少企业反映，惠企政策不够，政策普惠面有待拓展，政策优惠力度小，政策申报门槛高，扶持政策对中小微企业不适用，政策不能很好落实等。

二、良好的政商关系仍需进一步加强

1. 政府部门职能由管理到服务尚未完成

当前，部分市场主体反映政府部门的职能由管理到服务的转变尚未完成。本届政府成立伊始，开门办的第一件大事就是推进行政体制改革、转变政府职能，把简政放权、放管结合作为"先手棋"。但是我们也必须看到，政府的职能转变是一项系统性工作，无论是下放审批监管权限，还是简化审批环节和流程，既需要在法律法规层面上进行调整，也需要在机构编制上进行优化，这些工作推进起来仍然面临较大的阻力。同时，政府各部门面临的考核和监督压力较大，部分干部办事的积极性、主动性不足，影响了市场主体对地区营商环境的满意度。

2. 政府与企业主体之间的沟通不够畅通

企业利益相关群体中，政府对企业的影响无疑是最大的，一方面，政府会直接干预企业的运营，这主要表现在对企业的监管行为方面；另一方面，也是更重要的一点，政府通过政策、法律等的修改来改变企业的外部环境，从而对企业产生影响。因此，政府与企业之间的沟通是非常重要的一环，这关乎政府制定政策的实效和企业是否能真正得到实惠。政府制定惠企政策时，初衷是为了更好地服务企业主体的经营建设，加强与企业之间的对话，倾听企业诉求，帮助企业解决困难。但在政策的具体实施中，若政府信息公开缺位、企业主体未充分理解或是政策传达过程中出现了偏差，都会使惠企政策无法发挥出其制定之初制定者所赋予的、其应当发挥的作用。

3. 惠企政策制定与宣传仍需进一步加强

目前，惠企政策的制定往往由政府从行业整体发展的角度出发，缺乏对市场主体需求的考虑，缺少与市场主体之间的互动沟通，政府提供的惠企政策可能与企业真正需求有一定的差别。同时，市场主体反映惠企政策的获知渠道较为分散，没有稳定的信息来源，对于国家、省市和地区的政策要靠企业自身收集获取，对于政策的解读也存在一定困难，使市场主体对惠企政策的申报存在困难。对政府网站公布的惠企政策，有时想要询问企业自身是否符合申报条件，但并不知道相关负责人的联系方式，无从下手。这将会影响良好的政商关系的建立，降低市场主体对营商环境的满意度。

三、政府效能有待进一步提升

1. 电子政务服务水平仍需进一步提升

一是电子政务服务平台需进一步完善。电子政务平台存在运行不流畅，网报系统太慢，切换界面操作需要加载时间过长，网络信息获取不顺畅，市场主体应用网络上传资料卡顿，甚至需要反复上传才能完成信息录入。各市自建系统自身存在使用不便捷、提示不清晰、网络平台不稳定等现象，目前自建系统与国家级、省级系统不能很好地兼容。网络申报数据准确度有待提升，部分地区的网络平台的基础设施水平也不够支持经营者办理业务，网络问题频发，影响市场主体对网上电子化平台的使用体验感。

二是网络申报流程烦琐，影响办事效率。部分网络办理平台缺乏人性化、简单化设计，操作复杂。有市场主体反映实行全程电子化网上办理后，很多业务不如线下办理顺利，实际体验感不如预期，无形中增加了很多工作量，从而降低了企业的获得感。

三是操作流程缺乏指导。市场主体不熟悉网上操作流程，网上进行申报的成功率低。部分市场主体反映自己对某些网络平台功能的理解不足，办理申报步骤不清楚，系统的升级优化效果未能完全体现在市场主体的实操中。缺乏工作人员进行网络远程指导，不能及时线上解决问题，导致部分功能在网络上难以实现，在一定程度上会影响市场主体的办理效率和满意度。

2. 审批流程仍需进一步优化

国家已出台的一些放权措施还没有完全落地，投资领域审批虽经压缩，但各种审批"要件"、程序、环节等仍较多，审批时间还较长。东北地区各级政府部门办事效率比过去有了很大提升，但仍然存在一些问题，如部分业务办理流程烦琐，行政审批环节多、材料多、前置条件多、办结时限长，"多头跑、多次跑"导致耗时长，办事窗口少，排队时间长等。

3. 部门协作需要加强衔接

一是上级部门、下级部门协作联动有待加强。随着"放管服"改革的深入，越来越多的权力和责任下放到基层，给办事群众带来便利的同时，也逐渐凸显出信息不统一、部门协调不畅等问题。有企业代表反映，在新的审批制度颁布后，部分区域的基层权力未能下放，市里与县里执行基准不一致，县里通过的而市里却不予通过，严重阻碍企业正常经营。上级部门缺乏对基层的有效指导，缺乏对下级的有力督促，执行环节耽搁时间长。基层无法处理的实际问题需要逐级上报，责任向上逐层推进，互相推诿，降低办事效率，给市场主体带来严重困扰。

二是多部门工作衔接不畅。存在各区之间信息不互通、告知不一致、业务衔接不畅等问题，容易引起偏差，从而导致市场主体多次奔走也未能解决。市场主体在各个流程中材料上交重复，不同地区不同部门有时会针对同一个事项对企业进行重复检查。地区自建业务系统尚未归属于一体化平台，跨层级、部门的业务存在信息不共享问题。

4. 政务公开机制需进一步完善

一是政务信息公开透明度仍需提高，尽管东北地区各级政府部门办事公开透明度已经有了较大提高，但仍有企业代表反映存在信息透明度、详细度、准确性不够的问题。二是部分信息未能及时公开，如办事流程未能及时公开；办理进度没有主动反馈，当事人不了解案件进展情况和结果；对业务人员的处罚结果不明确公开，不能及时公布。

5. 惠企政策兑现需提速增质

市场主体反映，政策兑现与以往相比有所改善，但政策兑现周期较长、兑现较慢的问题依旧存在。每一年政策兑现基本都是往年的，几乎没有当年可以兑现的政策。同时，市场主体还反映存在政府承诺的建设项目或调整目标，并没有明确指出相关的具体条款和实施计划，导致企业紧跟政策的项目难以实施，跟政府部门交流商讨得到的回复缓慢或者仅能得到一个"等待整改"的反馈，拖慢了企业的经营与规模扩展速度，影响企业的正常经营发展。这导致市场主体对营商环境的满意度大打折扣，甚至失去信心。

受新冠肺炎疫情影响，很多企业面临严重的经济危机，尤其是小微企业，部分市场主体反映希望在特殊时期，希望政府能够给予企业一段过渡的缓和期，在此期间能够实施减税降费、政策补贴的支持措施，帮助企业渡过疫情后复苏生产经营的这个难关。

6. 服务水平有待进一步提升

一是工作人员业务能力仍须提升。工作人员的业务水平直接影响市场主体的办事体验及办事效率。根据企业经营者反映，政务服务中心的部分工作人员缺乏相对应的业务知识，咨询时回答不准确，对政策不够了解，不能及时解决问题，业务办理流程不顺畅。有些工作人员面对新业务适应能力不足，对新业务不熟悉、不钻研，不仅造成工作效率低、成效差，而且返工率高的局面。还有些工作人员面对新困难不知所措，遇到没有参考案例的新问题、新情况，不会利用理论工具科学分析、准确决断、合理解决，回避矛盾。

二是工作人员服务意识及态度有待加强。部分窗口服务不积极、不主动，企业遇到时间紧、处理难的疑问找不到工作人员；有工作人员遇到问题不主动解决，而是反馈给上属职能部门；业务办理群内企业间的问题回复慢或无人回答，审批状态更新慢，工作人员不能及时对复杂程序进行解释指导；很多业务不能一次办成，申请材料没有一次性告知，影响企业办理进度。工作人员服务态度有待提升；工作人员解答问题时的耐心和专业程度有待提高，规范用语使用方面也有待完善。

三是工作人员责任意识欠缺。政府部门部分工作人员在具体承办一些企业事务时缺少责任意识、担当意识，教条主义严重，存在不作为的现象。有工作人员对于上级的决策部署执行慢，不够主动和积极，严重影响政府的行政效能。

四、市场主体满意度营商环境品牌效应尚未形成

1. 营商环境品牌服务意识有待加强

目前，东北地区的政府工作人员的服务主动性、专业性距离真正使市场主体满意还存在一定的差距，服务意识还未形成建立。总体来说，尚未树立"用户意识"，千方百计地为企业提供所需服务，让"数据多跑路、百姓少跑腿"，用公共部门的"辛苦指数"换来群众的"幸福指数"、企业的"发展指数"还未真正实现。要提升营商环境品牌市场主体满意度，应用心、用情、用力当好"店小二"，争做"五星级服务员"，不要坐等企业上门，党政领导干部要

主动"串门"，对企业"嘘寒问暖"，用党政领导干部的温暖、温度、温情，让企业感到亲切、亲和、亲近。

2. 营商环境品牌建设特点不突出

目前，营商环境品牌建设在全国范围内开展，优化营商环境主要是依靠世行和国家营商环境评价指标体系进行的，东北地区也有一些城市提出了营商环境品牌，如辽宁营口自贸区提出"马上行、自在营"营商环境品牌，哈尔滨市提出"哈尔滨营商环境品牌"，吉林市昌邑区提出"昌易办"政务服务品牌，但营商环境品牌自身的亮点不够突出。要提升营商环境品牌市场主体满意度，应结合东北自身的营商品牌优势，建立具有东北特色的营商体系。

3. 营商环境品牌的宣传力度有待增强

目前，东北地区各省市也打造了一些营商环境特色服务品牌，但品牌的知名度不是很高，缺少对营商环境品牌的宣传手段及宣传渠道。对于品牌建设来说，宣传是至关重要的，好的品牌背后一定有好的宣传，通过宣传的作用才能实现品牌效应，更好地促进营商环境的优化。要扩大营商环境品牌建设的知名度，应充分发挥媒体的作用，利用各种资源对营商环境的进展、成效以及品牌内涵进行宣传推介，切实提高市场主体的认可度和满意度，不断扩大营商环境品牌建设的影响力。

4. 营商环境的品牌监督体系尚未形成

品牌建设是存在一定风险性的，对于品牌建设的内涵一定要把握准确，否则品牌建设将没有任何意义。东北地区营商环境品牌建设的宗旨是以市场主体满意为导向，但在品牌建设过程中，市场主体的参与度相对较低，并未紧紧围绕营商环境品牌建设的初衷进行。要提升市场主体满意度，应建立营商环境品牌监督体系，增强市场主体的参与感，同时获取市场主体的相关意见，为优化营商环境品牌建设提供保障。

品牌建设是影响东北地区市场主体满意度的重要因素之一，东北地区营商环境品牌效应尚未形成。品牌建设是指拥有者对品牌进行的规划、设计、宣传、管理的行为和努力。品牌建设的利益表达者和主要组织者是品牌拥有者。"品牌"是一种无形资产，实质上就是知名度，有了知名度就具有凝聚力与扩散力，就成为发展的动力。营商环境品牌建设，首先要以诚信为先，没有诚信的政府，"品牌"就无从谈起。其次，企业品牌的建设，要以诚信为基础，服务质量和服务特色为核心，才能培育市场主体的信誉认知度，提升市场主体的满意度。

五、法治化营商环境建设需持续推进

1. 商事主体参与立法的机制不完备

在商事规制立法进程中，我们将重心放在行政审批、税收征缴和融资环境、政府采购等实体法律规则的构建与完善方面，而忽视了立法中的程序性规则，未能有效保障立法程序的透明度与规范化；注重立法实施机关、法律专家的立法建议，却未有效赋予或是保障立法实施对象的知情权、参与权和要求反馈建议等权利。《中华人民共和国立法法》第五条规定，"坚持立法公开，保障人民通过多种途径参与立法活动"，为商事主体参与立法提供了高位阶的法律基础。同时，《优化营商环境条例》第六十二条规定，与市场主体生产经营活动密切相关的立法文件制定，应充分听取市场主体、行业协会商会的意见，这也为我国各省市制定优化营商环境条例提供了上位法基础。从东北地区已颁布的优化营商环境相关条例中可以发现，其中不乏商事主体立法参与权的明文规定，但大都止于概括式的提及，并未对权利的行使程序、立法参与权主体范围等事宜进行具体阐明。《辽宁省优化营商环境条例》和《黑龙江省优化营商环境条例》仅仅规定了要"合理采纳有关市场主体或行业协会商会的意见和建议"，而商事主体如何参与到营商环境相关立法中，并未作出明文规定。《吉林省优化营商环境条例》对参与途径采取实地调研、座谈会、论证会、听证会等形式。这些对立法机关而言都是一种极为宽松的软约束，同时折射出商事主体在营商环境相关立法中话语权微弱，公众促进立法的正向作用没有得到充分发挥。

2. 市场经济法律制度和相关规则需要进一步完善

建立健全的法制体系是构建法治化营商环境的前提与保证。经过改革开始以来几十年的法治建设实践，当前我国社会主义市场经济法制体系业已建立，但是随着国际国内竞争加剧和经济全球化的深入推进，面对新形势和新条件，我国有关营商环境法律制度的体系建设相对滞后，不完善甚或缺失之处仍有很多。当前的法制体系不能够完全满足公有制和多种所有制经济发展的法律需求，这在一定程度上为我国营商环境法制体系建设带来了难题。而且，各项法律制度之间存在相互冲突的现象，在立法过程中未对法律制度进行科学考量，从而导致在面对一些现实问题时不能够尽快解决。一是宏观调控法不完善。我国目前大量的法律法规集中在微观领域，从具体的市场主体规范其行为，很多属于民商法的范畴。宏观调控法不完善，对社会经济的整体运行和总体结构问题的解决更多采用政策性的手段。二是关于产权司法保护、金融调控与安全、社会诚信体系建设、中小企业贷款、构建和谐劳动关系、企业破产等方面的法律法规也需要进一步健全，以切实保障规则公平、机会公平和权利公平，努力消除不公平现象。

3. 保护投资者权益和解决纠纷的司法渠道有待加强

当前，在法治化营商环境建设进程中，一些行政执法机关对不同所有制经济主体的执法存在不规范现象，侵害了市场主体的合法权益。

4. 信用体系建设亟须强化

如果说法治是最好的营商环境，那么信用就是最基础的营商环境。信用与营商环境之间是一种孪生和相互映射的关系，信用建设是优化营商环境的必由之路，而营商环境的优劣也直接反映了一个地区信用建设水平的高低。

信用体系建设中政务诚信是引领和带动全社会诚信建设的"领头羊"，需要政务机关和政务人员各尽其职，做好"自律"与"他律"。政务诚信建设事关政府公信力，事关社会全面信用体系建设，事关经济社会的全面转型，可谓意义重大。但在调研过程中发现，目前政务诚信方面的问题较为突出，主要体现在政府及其部门政策存在一些失信现象，损害了营商环境和政府形象。同时，部分地区政策存在朝令夕改等问题。另外，还有不少市场主体反映企业失信现象也较为严重，尤其是上下游企业失信直接导致市场主体经营受限。

六、事中事后监管有待进一步规范

1. 市场准入监管仍须规范

目前，东北地区对外资开放的市场领域范围内仍较少，市场准入较严。在企业市场准入程序方面，存在准入机构多，准入方式体系庞杂、程序复杂、手续繁多，借市场准入程序乱收费等问题。在企业市场准入执法方面，存在执法依据不统一问题，对同一市场准入的审批，在不同的地方、不同的政府、不同的部门甚至同一机关的不同工作人员之间，有时执行宽严不同的条件、标准，产生截然不同的市场准入结果。要提高市场主体的满意度，需要打破对个体私营企业市场准入的过多限制，取消不必要的门槛，贯彻平等准入、公平待遇的原则，推动个体私营主体进入和参与市场竞争、创业创新。

2. 执法监管行为需要进一步规范

目前，东北地区仍存在部分地区执法监管行为不规范的问题。例如，忽视市场主体的利益，不在解决实际问题上下工夫；多次开展执法监管活动，影响企业正常的生产经营活动，未严格执行"双随机、一公开"监管制度；执法监管人员工作效率不高；执法结果部分不公开、不透明，市场主体满意度较低；监督管理不到位，执法随意性比较大；追究责任不严格，执法态度不认真。要提高市场主体的满意度，应规范化、标准化执法监管，严格建立执法监管责任制度，为市场主体创造公平竞争的市场环境。

3. 市场监管模式有待创新

随着互联网等新型市场领域的快速发展、监管范围的不断扩大、监管难度的不断提升、监管对象的日益复杂，传统的市场监管难以适应现代市场经济环境的要求，其手工经验式的监管手段落后，分散碎片式的监管力量薄弱，拉网运动式的监管效能低下。传统的手工经验式监管手段难以适应现代化、信息化的监管需求，碎片化的监管体制和监管力量无法适应新型网络市场的发展要求。随着互联网发展，大数据技术拥有强大的数据整合、分析、判断、预测功能，运用大数据技术研究不同领域、不同规模、不同类型的企业运作状况，提升服务和监管的科学性、准确性和有效性，为高效推进市场监管提供了有力保障。要提高市场主体满意度，应以大数据为基础，以信用体系建设为重点，为市场监管模式的革新带来前所未有的机遇。

第二节　提高市场主体营商环境
满意度的对策建议

一、营商环境建设要以提高市场主体满意度为导向

聚焦优化营商环境，开展优化行动，在"十四五"开局之年有特殊的意义。2020年7月，习近平总书记在京主持召开企业家座谈会，指出市场主体是我国经济活动的主要参与者、就业机会的主要提供者、技术进步的主要推动者，在国家发展中发挥着十分重要的作用。他强调，"改革开放以来，我国逐步建立和不断完善社会主义市场经济体制，市场体系不断发展，各类市场主体蓬勃成长。新冠肺炎疫情对我国经济和世界经济产生巨大冲击，我国很多市场主体面临前所未有的压力。市场主体是经济的力量载体，保市场主体就是保社会生产力。要千方百计地把市场主体保护好，激发市场主体活力，弘扬企业家精神，推动企业发挥更大作用实现更大发展，为经济发展积蓄基本力量"。他还强调，党中央明确提出要扎实做好"六稳"工作、落实"六保"任务，各地区、各部门出台了一系列保护支持市场主体的政策措施，要加大政策支持力度，激发市场主

体活力，使广大市场主体不仅能够正常生存，而且能够实现更大发展。

李克强总理在吉林省考察时表示，东北是兴业发展和生活的好地方，营商环境过了关，就会有更多投资过山海关。要着力深化改革，在打造市场化法治化国际化营商环境、培育市场主体上下大工夫，让国内外企业在东北投资更有信心，更好地展示东北发展大有盼头、大有希望的前景。东北振兴首在优化营商环境。营商环境是影响区域经济发展的决定性因素之一，尤其是在政策趋同、规划统筹的情况下，营商环境是提高竞争力非常重要的手段。甚至可以说，营商环境的好坏直接决定一个地区经济发展的速度和质量。

但实际上，"营商环境好不好，政府说了不算，企业和群众说了算"。娄成武等认为，目前世界银行及国内部分地区关于营商环境的评估活动都是基于客观指标的设计，单纯考察企业在各种审批、监管环节的时间、费用、手续等成本，对企业的主观感知、期望等满意度测评均无涉及，存在先天的不足，应将市场主体满意度引入营商环境评估框架（娄成武、张国勇，2018）；郑方辉等认为，主观满意度测量是对客观指标的互补互证。在构建营商法治环境评估体系时，其同时考虑了客观评价和主观评价（专家评议、企业满意度、公众满意度）（郑方辉、尚虎平，2016）。在巩固前一阶段改革成果和抓好前期有效政策落地的基础上，针对存在的短板和差距，聚焦市场主体需求和关切，切实加大"放管服"改革力度，出台优化提升营商环境行动方案，用深化改革的办法破除体制机制障碍、降低制度性交易成本、提高市场经济运行效率、激发创新创业创造活力；结合市场主体实际需求，切实提升满意度和获得感，进一步探索原创性、差异化发展，为经济领域探索一些制度创新性的路子，为各类市场主体投资兴业营造稳定、公平、透明、可预期的良好环境。

二、构建政府与市场主体良性互动的营商环境

基于对党的十八大以来，政商关系新变化的审时度势，习近平总书记在看望参加全国政协十二届四次会议的民建、工商联委员时，第一次用"亲"和"清"两个字阐述了新型政商关系，这两个字奠定了新时代政商关系新生态的主基调，必将指引政商良性互动，重构健康的政商关系。2016—2019 年，东北地区经济增长出现"断崖式下滑"，很多专家学者对此进行了分析，甚至引发了争议，但是多数认为，东北地区经济下滑的主要原因是营商环境恶化。因此，有必要对东北地区政商关系、高质量发展现状进行考察，通过构建新型政商关系推动新一轮东北振兴，实现高质量发展。

构建政府与市场主体良性互动的营商环境，本质上为政府与有效市场的统一。新型政商关系厘清了政府与市场的关系，最大限度发挥好各自作用，使社会主义市场化改革更加深化的同时，政府在对市场机制准确把握的基础上积极有为，实现有效市场与有为政府的统一，二者有机结合，共同建设社会主义市场经济。良性互动的政商关系是对经济体制改革中关于政府与市场关系的重要指导思想，是中国特色社会主义市场经济制度的重要内容。实现全面建成小康社会和中华民族伟大复兴的中国梦，离不开市场在资源配置中的决定性作用，也离不开政府积极有为构建宏观制度环境。有效的市场与有为的政府有机结合才是成熟的社会主义市场经济。

构建政府与市场主体良性互动的营商环境，推动区域高质量发展。良性互动的政商关系的提出既是为了解决政治问题，更是为了

解决经济问题。良性互动的政商关系通过重构两者关系使双方各尽其职，企业自觉运用市场机制创新技术提高效率和质量，政府破除营商领域的体制机制障碍为企业注入活力。一方面，优化政商生态使政府在清廉的政治环境下积极谋发展，提高行政效率，提升服务水平，营造公平公正的市场氛围，增强企业发展动力。另一方面，为企业发展扫清各种制度障碍，使企业一心一意搞生产，定下心来在创新技术水平、提高产品服务质量与效率、实现结构优化和升级、提供满足人民有效需求上多下工夫。构建政府和市场主体良性互动的营商环境，有利于供给侧结构性改革的推进，使供给侧与需求侧精准衔接协同并进，有利于经济发展动力向依靠技术创新、制度变革、结构优化等新动能拉动转变，推动效率、动力、质量提升，实现经济高质量发展（路林翰，2020）。

为加快构建政府与市场主体良性互动的营商环境，建议着眼于以下几个方面：

第一，转变政府职能，构建有为政府。政府要转变以管理为主的思想观念，提高服务水平，培育民营企业发展的土壤，留住人才，吸引投资。明确政府的角色和边界，进一步推进市场制度建设，引导支持非公有制企业的发展，激发经济活力。建立政企沟通联系常态化，促进政企之间积极沟通、良性互动，是优化营商环境的必然要求。除了建立制度化、常态化的政企沟通机制，各级党委、政府还要继续推进简政放权，为企业"松绑解套"，使市场在资源配置中起决定性作用，更好地发挥政府作用。强化官员队伍的素质提升，坚持反腐常态化，营造风清气正的环境。同时，引导公职人员主动联系本领域本行业企业，采取"一业一策""一企一策"的精准扶持方式，重点解决企业面临的税费、融资、涉诉、城建等方面的问题，从更宽领域、更高层面、更大范围支持和服务企业发展。

第二，培育企业家精神，搭建政商沟通平台。东北地区发展关键要创新技术，形成集约化生产的模式，节约资源，提升效率。升级优化产业结构，发挥地域优势，深化市场化改革，发展特色产业。搭建政商沟通平台，大力培育企业家精神。一方面，政府要建立制度性沟通机制，倾听企业家的心声，引导企业加快发展；另一方面，要充分发挥社会组织、商会协会的作用，提高沟通效率，使交往关系更加正式。建立健全政策评估制度，以政策效果评估为重点，建立对重大政策开展事前、事后评估的长效机制，积极发挥企业家、社会组织和第三方专业研究机构等多元化的评估力量，通过企业监测平台、问卷调查等形式定期对惠企政策开展评估，推进政策评估工作制度化、规范化，使政策更加科学精准、务实管用，使政策更加科学精准地服务企业。良性互动政商关系，使政府与企业不再是垂直的权力结构，让企业成为平等的主体与政府交流沟通。

第三，加强惠企政策宣传力度。将国家和省市地区的营商环境政策宣传推送给相关企业，梳理公布惠企政策清单，根据企业所属行业、规模等主动精准推送政策，出台惠企措施时要公布相关负责人及其联系方式，实行政策兑现落实到人，并建立促进民营企业发展的"政策库"，加大对政策的宣传力度，宣传过程中做好政策解读工作，对于有需要的企业，深入企业内部开展"一对一"的政策解读工作，与市场主体开展良性互动，促进政策有效落地。同时，获取企业的具体需求，提出解决问题的政策建议，反馈给相关管理部门，并持续跟进问题整改情况，让市场主体真正满意。

三、加快推动"一网通办"建设，增强市场主体的获得感

"一网通办"这个概念最早起源于 2014 年 7 月 7 日，国家税务总局对上海市自贸试验区下达了《关于支持中国（上海）自由贸易试验区创新税收服务的通知》。2018 年 3 月开始，深入探索"互联网+政务服务"改革，上海市讨论并将其命名为"一网通办"改革。2020 年 5 月 22 日，国务院政府工作报告中提出，推动更多服务事项一网通办，做到企业开办全程网上办理。"一网通办"旨在将面向企业和群众的所有线上线下政务服务事项进行流程再造、数据共享、业务协同、力争做到"一网办理、只跑一次、一次办成"，逐步实现"协同服务、一网通办、全国通办"。整合现有部门水平碎片化、条线化的政务服务事项前端受理功能，建设纵横全覆盖、事项全口径、内容全方位、服务全渠道的"一网通办"总门户，进一步优化政务服务便民热线，规范整合各级政府部门便民服务公众号和移动客户端 App。"一网通办"落脚点在"办"，把政务服务数据归集到一个功能型平台，企业和群众只要进一扇门，就能办成不同领域的事项，解决"办不完的手续、盖不完的章、跑不完的路"等麻烦。

全面推进"一网通办"建设，政务服务流程再造升级。坚持"以人民为中心"的理念重新设计，从"以部门为中心"走向整体性政府，从"政府本位"走向"人民中心"。"一网通办"改革的特征是以供给侧改革适应需求侧要求，改革首先体现在需求与供给的交汇面，由此带动供给侧的深刻变革。从市场主体"高效办成一件事"出发，围绕"减环节、减时间、减材料、减跑动"，采取"减、放、并、转、调"等行政审批改革创新，系统重构部门内部操作流

程，跨部门、跨层级、跨区域协调，最大限度避免重复和不必要的办事流程。

全面推进"一网通办"建设，建立部门协调机制。为了达到政府部门的决策目标，设计科学合理的政府部门管理体制，明确责任分工，避免政府部门职能重叠、部门间利益冲突。建立"一网通办"协调机制的协调主体是多元化的，具体表现形式如同级政府部门之间、同级政府部门中不同职能部门之间的横向协调，不同层级上下与下级政府部门的纵向协调及政府部门与外界市场主体的内外部协调。

全面推进"一网通办"建设，加速推进数据治理。数据治理是"一网通办"体系建立和运营的技术基础，通过持续深化政府数据生态建设和数据治理攻坚，形成对"一网通办"改革的有效数据支撑。建立公共数据治理的推进机制，完善公共数据治理政策体系，建立统一的公共数据信息体系，建设统一的电子政务外网，提升公共数据治理能力，推进公共数据共享、开放和应用，构建全方位数据安全防护体系等一系列措施。

为加快推动东北地区"一网通办"建设，增强市场主体的获得感，建议着眼于以下几个方面：

第一，提升"一网通办"的覆盖面。东北地区各省市各级政府及其部门在已有的数据清单的基础上，进一步归纳、总结更多的可共享数据清单、履职需求数据清单及不适合共享清单，将符合条件的数据纳入"一网通办"，完善公共数据整合共享。对于社会团体及其他承担公共管理、提供公共服务的企事业单位所涉及"一网通办"的公共数据，应当统一思想，按照"一网通办"的要求无偿予以提供，并配合做好统一管理工作。同时，为推动东北地区协同发展，建议成立相应的协调部门和机构，共同探索实现东北地区公共数据共享技术、共享平台、共享标准的统一。

第二，推进"一网通办"的规范化。东北地区各省市全面梳理与市场主体日常生产生活、企业办事密切相关的公共服务事项，将相同的事项编制统一的公共服务事项清单及办事指南，实现服务事项各项标准的统一，避免不同区的办事部门要求不一致甚至相反的情况出现。统一数据共享标准，明确数据共享的格式要求、类别、范围等内容，实现各省市、各层级、各渠道发布的政务服务事项数据同源、同步更新。同时，整合、筛查现有的"一网通办"中的数据，通过技术手段除去重复的数据、错误的数据，保障数据的准确性。对"一网通办"涉及的事项，进一步明确减环节、减证明、减时间、优流程的标准，提高政务服务的便捷性和高效性，切实提升群众和企业的获得感、幸福感、安全感。

第三，优化"一网通办"的功能性。完善平台的使用功能，提高线上办理的审批效率，切实提高在线办事能力。全力优化网上服务流程，公开网上办理事项清单，实现办事材料目录化、标准化，让群众办事更明白、更便捷。行政审批事项实现"不见面审批"，精心打造政务服务"一张网"，逐步做到政务服务"一网通办"，让群众办事"零跑路"。切实提高技术保障水平，加强网络技术平台建设，解决网站登录不畅、页面打不开、内容不显示、操作不方便等问题。提高网站稳定性，查找造成网站不稳定的原因，解决网站速度慢、卡顿的问题。确保网站全天候工作、信息页面正常浏览。

第四，加强"一网通办"的安全性。从制度上明确相关数据问题的法律责任。也就是说，对数据的安全保护问题、数据运用等流程中的个人隐私保护问题、全面实施"一网通办"后无人干预流程中的数据遗失问题等事项，在法律上、政策上予以明确。坚守数据安全可控的网络安全底线，对于数据安全问题，应当贯彻权责统一原则，理顺"一网通办"各主体间权责关系，保证职权、事权与责任统一对应。同时，建立公共数据被采集人权益保护机制，确保数据信息安全可控。增加宣传力度，适时向市场主体对"一网通办"的信息安全进行公开说明，消除大家的疑虑，增加企业和市民使用"一网通办"的频率，切实有效地发挥"一网通办"的作用。

四、推进营商环境品牌建设，切实提升市场主体满意度

推动东北地区营商环境品牌建设是发挥产业集聚效应，提升区域吸引力，进一步释放市场经济活力的重要途径。构建更具专业化的品牌体系，提高营商环境品牌知名度可以助推东北地区吸引更多优质企业，降低制度性交易成本，有效稳定投资者预期，广泛聚集经济资源要素，推动经济高质量发展。构建营商环境品牌体系，为企业提供更全面、更深入、更优质、更个性化的配套服务能够让东北地区政府更好地把资源利用到企业身上，帮助企业发展壮大，促使形成一定规模的集聚效应，释放企业活力。

推动东北地区营商环境品牌是促进经济高质量发展、应对复杂形势的重要举措。国务院常务会议指出，要把进一步优化营商环境作为促进高质量发展、应对复杂形势的重要举措，瞄准市场主体反映的突出问题，放宽市场准入。营商环境是民营经济能否健康发展的关键变量。打造营商环境品牌，提高市场主体满意度，有利于构

建公平竞争环境，激发市场主体活力，针对东北地区经济社会面临的发展瓶颈精准发力，促进民营经济健康发展和新动能加快发展壮大。

推动东北地区营商环境建设是助力东北全面振兴的重要体现，对于增强东北地区经济社会发展起到积极的推动作用。打造并凸显具有东北特色的营商环境品牌是奋力打造培育和壮大民营企业摇篮的体现，有利于为民营企业成长创造良好的发展空间，为民营经济发展创造更加优越的环境，以进一步激发包括民营企业在内的市场主体活力，增强东北地区经济社会发展的内生动力。通过全面建设营商环境品牌体系，进一步提高政务服务效能，压减行政许可等事项，简化企业投资审批流程，减轻企业税费负担，旨在营造稳定、公平、透明、可预期的营商环境，创品牌、树形象，使企业切身感受到东北地区营商环境的优化。

为了推进东北地区营商环境品牌建设，提升市场主体满意度，建议着眼于以下几个方面：

第一，树立营商环境品牌服务意识。形成良好的营商环境品牌服务意识，就是以市场主体的需求和满意度为导向，树立为企业服务的"用户意识"。要让企业家安心搞经营、放心办企业，通过精准有效地做好对企服务，外面的企业才会想进来，进来的企业才能留得住，留下的企业才能发展好。营商环境品牌建设不应成为一种口号，东北地区各部门应积极发挥自身主观能动性，开展一系列营商环境品牌建设专题活动，邀请有关专家学者开展相关专题演讲，强化各部门为企服务意识。

第二，强化自身品牌特色。应当以制度创新为核心，对照世界银行和国家营商环境评价指标体系，丰富创建内容，形成一套具有东北特色的营商环境政务服务系统，并完善地方性优惠服务政策，精准施策，靶向发力，宣传东北营商品牌优势，利用品牌特色吸引优质企业落户，努力打造独具东北特色的营商模式体系。同时，充分发挥东北地区的产业优势，建立合作项目示范点，出台政策引导上下游企业协同发展，打造并深化产业链，形成具有一定规模的产业聚集区，以便利的产业配套设施与低廉的经营成本为特色打造东北营商环境服务品牌。

第三，加大营商环境品牌宣传力度。宣传是品牌传播的翅膀，有助于拓宽东北地区营商环境品牌影响力的广度，提升品牌影响力的高度。通过形成形象化和个性化的品牌名称与标识，结合创新的宣传渠道，有效扩大品牌的传播力和影响力。适时策划和组织品牌建设讲座与交流研讨会，举办营商环境成果展示会等；充分利用各类媒体，借用互联网络信息化优势，以社交应用软件为交互平台，面向东北地区乃至全国的市场主体，积极宣传和推介营商环境品牌，在切实提升东北地区营商环境品牌的影响力的同时，使东北经验在全国复制推广，更大限度地发挥政策外溢效应。

第四，完善营商环境品牌监督体系。品牌是把"双刃剑"，维护得当能够持续增加机构的品牌价值，维护不当将使机构品牌建设功亏一篑，因此需要持续进行营商环境品牌的维护和监督工作。例如，增强品牌服务和保护意识，建立品牌危机的监测预防和处理机制，提升品牌危机的预防和处理能力；持续进行机构的公信力和影响力建设，持续的品牌建设行动能有效预防和化解品牌危机。

五、打造法治化营商环境，维护市场主体合法权益

　　构建法治化营商环境是推进全面依法治国的重要内容。全面依法治国，建设社会主义法治国家，是中国特色社会主义的本质和要求，也是人类文明进步的重要标志。社会主义市场经济本质上是法治经济，是依法治国战略的重要组成部分。习近平总书记在中央全面依法治国委员会第二次会议上强调，法治是最好的营商环境。多年改革开放的经验告诉我们，改革开放越深入，经济越发展，就越离不开法治，新时代构建开放型经济新体制也需要法治。就当前的营商环境而言，还存在许多突出问题，如经济交往中利益失衡、道德失范，侵犯企业知识产权的现象频频发生，这些都需要通过法治保障。为把优化营商环境进一步纳入法治化轨道，国务院公布了《优化营商环境条例》，并于2020年1月1日起施行。《优化营商环境条例》作为我国优化营商环境的第一部综合性行政法规，将为各类市场主体投资兴业提供制度保障。

　　构建法治化营商环境是完善国家治理体系的重要途径。党的十九届四中全会提出，要坚持和完善中国特色社会主义制度，推动国家治理体系和治理能力现代化。要实现国家治理体系和治理能力现代化的目标，离不开法治的保障。建构法治化营商环境是实现国家治理现代化的重要内容和举措。随着国际经济合作新体制的形成，我国经济发展体系日趋成熟、完善。作为国家治理现代化的重要标志之一，营商环境建设的重要性和必要性日益显现。因此，法治化营商环境是实现国家治理现代化的必然要求。对照国家治理体系和治理能力现代化的要求，当前我国法治化营商环境存在一定的不足，

有的操作规则实用性、可操作性不强；有的管理者法治观念较弱。这些都亟须通过法治的途径来更好地优化营商环境，从而推动我国国家治理体系和治理能力现代化更进一步。

为了推进东北地区法治化营商环境建设，保护市场主体的合法权益，建议着眼于以下几个方面：

第一，科学立法，切实保障市场主体的立法参与权。一是注重吸纳市场主体，尤其是有关行业协会的立法意见及诉求。在行业协会发展较为普及的商人社会中，行业协会代表的意见最能集中反映市场主体的一些共性问题和诉求，从行业协会着手能够更有效率地吸纳市场主体的立法建议。同时，可将不同行业、不同企业类型的主体代表纳入营商环境优化人才智库，在法律制度构建层面为稳定、可预期的营商环境提供智力支持。二是及时、充分公开立法信息，不仅是依照法律规定在政府公报、中国政府法制信息网及相关行政区域内报纸上刊载，还可将立法的征求意见稿精准下发到各个行业协会，充分保障利害关系人立法知情权，为市场主体及利益相关方广泛参与立法提供现实路径。

第二，充分健全社会主义市场经济法律制度体系。市场经济的健康有序发展及良好营商环境的建构都必须有完备的法制体系作为保障。虽然我国营商环境相关的法制体系已初步建立，但在经济全球化和坚定不移推进改革的新形势下，法治化营商环境法制体系的构建仍需注重整体性、长远性、层次性。要注重不同市场主体的差异性，满足不同所有制经济形式不同层面的法制需求，科学考量不同法律制度之间可能存在的冲突。同时，充分健全以市场主体为核心的法律保障体系。法律服务的核心对象是各类市场主体，法治营商环境的优劣也取决于法律在保障市场主体合法权益方面的成效。

在加快推动有关制度文件的"立改废释"的基础上，制定优化营商环境的法规规章。加强规范性文件管理，凡是涉及营商环境的规范性文件，在确保质量的基础上尽快出台。加强制度创新，对于有改革需求但制度明显滞后的事项大胆探索，在制度层面予以破解。

第三，公平执法，平等对待不同类型市场主体。依法行政是打造法治化营商环境的重要方面，推进政府依法行政才能改变过去政府服务效率不高、市场主体地位不平等、信息公开标准不统一、执行任务规范性不强、政策落实滞后等当前营商环境建构中的重难点问题。我国现阶段的行政执法方式是一种单向的、以权力为重心的命令输出，由行政机关作为管理者发布命令，相对人作为被管理者服从命令，具有强制性色彩。执法本应遵循一视同仁的基本原则，不论企业所属区域、控制力来源如何，都应同种情况同等对待。

第四，加速实现信用体系全覆盖。加强和完善社会信用体系建设，持续推进政务诚信、商务诚信、社会诚信和司法公信建设，提高全社会诚信意识和信用水平。一是完善并加强政务诚信的规章制度建设。加大对违反相关政务诚信制度的政务行为的惩处力度，使违背相关诚信制度要求的政务行为所受惩处造成的利益损失明显超出其给行为主体带来的利益。二是培育契约精神。注重企业信用体系的建设与完善，用正确科学的方式引导企业自觉形成良好的契约精神。在经营管理的实际过程中说到做到，建立起良好的企业信用，从而不断提升企业的社会形象，增强企业的信誉度及竞争力。三是加强信用监管。严格依法科学界定守信和失信行为，实行守信联合激励和失信联合惩戒机制。营造诚实、自律、守约、互信的社会信用环境。

第五，建立以突出地方特色为要求的法治评价体系。法治评价体系是打造法治化营商环境的重要标准，其目的既在于打造"引进来""留得住"的投资环境，也在于激发本土营商力量，补齐民营企业发展和社会资本投资上的短板，从而提升区域竞争力。营商环境实质上是对微观层面法治环境的关注，对影响市场主体运行效率与质量的立法、执法与司法环节进行精细化评价。因此，建立科学、全面、独立的法治化评估体系也是构建地区法治化营商环境的重要实现路径。

六、加强事中事后监管，推动市场监管体系改革创新

良好的营商环境有利于深化供给侧结构性改革、加快培育经济发展新动能、激发各类市场主体活力，真正解放生产力、提高竞争力。良好营商环境的营造，离不开高效的市场监管。2019 年，国务院印发了《关于加强和规范事中事后监管的指导意见》（以下简称《意见》），《意见》指出，要坚持以习近平新时代中国特色社会主义思想为指导，持续深化"放管服"改革，坚持放管结合、并重，把更多行政资源从事前审批转到加强事中事后监管上来，加快构建权责明确、公平公正、公开透明、简约高效的事中事后监管体系，形成市场自律、政府监管、社会监督互为支撑的协同监管格局，切实管出公平、管出效率、管出活力，促进提高市场主体竞争力和市场效率，推动经济社会持续健康发展。

《意见》提出了五个方面政策措施。一是夯实监管责任。严格按照法律法规和"三定"规定明确的监管职责和监管事项，依法对市场主体进行监管，做到监管全覆盖，杜绝监管盲区和真空。厘清监管事权，各部门要发挥在规则和标准制定、统筹协调等方面的作用，

指导本系统开展事中事后监管，地方政府要把主要精力放在加强公正监管上。二是健全监管规则和标准。分领域制定全国统一、简明易行的监管规则和标准，并向社会公开。加强标准体系建设，加快建立完善各领域国家标准和行业标准，明确市场主体应当执行的管理标准、技术标准、安全标准、产品标准，严格依照标准开展监管。三是创新和完善监管方式。原则上所有日常涉企行政检查都应通过"双随机、一公开"的方式进行。对直接涉及公共安全和人民群众生命健康等特殊重点领域，依法依规实行全覆盖的重点监管。深入推进"互联网+监管"，提升监管精准化、智能化水平。推行信用分级分类监管，对失信主体在行业准入、项目审批等方面依法予以限制。对新兴产业实施包容审慎监管。四是构建协同监管格局。加强政府协同监管，建立健全跨部门、跨区域执法联动响应和协作机制。强化市场主体责任，督促市场主体在安全生产、质量管理等方面加强自我监督、履行法定义务。推动行业协会、商会建立健全行业经营自律规范、自律公约和职业道德准则，提升行业自治水平。发挥社会监督作用，畅通群众监督渠道。五是提升监管规范性和透明度。规范涉企行政检查和处罚，压减重复或不必要的检查事项，禁止将罚没收入与行政执法机关利益挂钩。严格落实行政执法公示、执法全过程记录、重大执法决定法制审核制度。健全尽职免责、失职问责办法。

《意见》要求，各地区各部门要认真抓好责任落实，科学配置监管资源，鼓励基层探索创新，加强法治保障和监管能力建设，切实维护公平竞争秩序。为了完善东北地区市场监管体系建设，保护市场主体的合法权益，建议着眼于以下几个方面：

第一，深化市场准入改革。全面落实市场准入负面清单制度，坚决做到"非禁即入"，破除各种不合理门槛和限制。巩固把企业开办全环节压缩到 2 个工作日以内，大力推进简易注销改革，有效解决制约营商环境优化的难点堵点问题。优化政务服务升级。坚持包容审慎监管，深化"互联网+政务服务"，完善"最多跑一次"和"一次都不跑"服务，打通群众办事的"最后一公里"。强化市场主体培育。在提升服务效能、创新便民举措、压缩开办时间、降低准入门槛等方面持续发力，通过更实举措、下更大力度培育更多市场主体，特别是企业主体。

第二，严格规范执法监管，为优化营商环境提供良好的法治保障。明确执法监管主体的权限、程序，将执法监管活动具体化、公开化，以增强执法监管工作的透明度。贯彻落实好执法监管追究责任制度，以及考核奖惩制度，以防止因错误的执法监管行为损害大经营主体的积极性。不断推进反垄断和反不正当竞争执法监管，以保障市场竞争环境公平有序。一方面要通过严格执法监管来打击市场上一系列行为。例如，严格执法监管来打击市场上的强迫交易、附加不合理交易条件、搭售商品等扰乱市场经济秩序的行为。另一方面要严格依据新出台或修改的法律进行执法监管。2019 年《中华人民共和国反不正当竞争法》进行了修改，目的在于为企业创造公平竞争的市场环境，提供法律的保障。

第三，改革创新市场监管模式。构建以信用为核心的新型监管模式，保障营商环境的稳定性。中共中央办公厅和国务院办公厅也在 2018 年发布了相关文件，目的在于建设更加公平而规范的市场监督体系，并希望通过这种方式让企业得到监督，优化商业环境。总体来看，国家层面所开展的信用体系建设，作为信用体系工作的核心组成部分，加强对企业信用的约束本质上就是一种特殊的市场监管，能够让信息系统互联互通，加快以市场为主体的平台建设工作。与此同时，还可以将企业的信息档案进行记录，与企业征信相关的信息类别以构建信用体系。政府部门可以运用技术手段建立数据共享平台，同时关注行业内部的信息资源集中运用。在构建数据的环节当中，还应该探索信用建设和运营模式的调整方案。为了避免信息建设过程中的资源浪费情况，行政部门还可以将电子政务数据服务工作进行改进优化，在市场监管领域建设全方位的监督机制，各个有关部门应确定部门内部的检查项目清单，在法律法规和规章制度的要求下展开动态管理。

七、优化以提高市场主体满意度为导向的营商环境评估体系

东北地区的营商环境建设虽然取得了一定的成效，但是仍需进一步优化。2018 年召开的国务院常务会议决定，按照"国际可比、对标世行、中国特色"原则，围绕与市场主体密切相关的开办企业、办理建筑许可、获得信贷、纳税、办理破产等方面和知识产权保护，开展中国营商环境评价，逐步在全国推开，推动出台更多优化营商环境的硬举措，让企业有切身感受，使中国继续成为中外投资发展的热土。

但 2021 年，国务院下发了关于营商环境评价的有关工作通知，提出一些地区的营商环境评估出现形式主义苗头，多头评价、重复评价情况时有发生，部分评价作用没有有效发挥。为进一步规范营商环境评价，持续优化市场化、法治化、国际化营商环境，提出要准确把握营商环境评价的要求、合理确定评价对象的范围、完善评价指标体系、规范评价实施方式、严格经费使用管理、规范和用好

评价结果、严明评价工作纪律和加强评级工作的监督八个方面的要求，切实做到"以评促改、以评促优"。

综上所述，构建以市场为主体为中心的营商环境评估机制，推动东北地区经济高质量发展，应该遵循以下几点：

第一，坚持知情评价原则。在开展市场主体满意度对营商环境的评估工作过程中，只有接受过相关部门提供的政府服务事项，才有资格对所接受的服务事项进行评价。市场主体应坚持实事求是，避免评价过程中存在的刻板印象，提高评价的客观性、准确性和真实性。对某一省市和县区的营商环境进行评价时，只有所在地区的市场主体才可以对该区县的营商环境进行评价且办理过相关业务，比如，对于事项办理进行评价时，只能对在过去一年办理过该项业务的市场主体进行评价；对政府部门进行评价时，只有在过去一年接受过该部门提供的政务服务的市场主体才可以对该部门进行评价。

第二，坚持分类评价原则。在开展市场主体满意度对营商环境的评估工作过程中，对于市场主体和评价对象要进行分类。规模不同的企业对营商环境需求度是不同的。大企业的营商环境最容易获得地方政策的支持，小微企业也因"同情分"较易获得某些支持。相对地，中型企业的感知就没有那么强。平均值对于不同规模的企业而言并不意味着真实的获得感。因此，应将企业分别按照经营时间、规模大小、行业领域等进行分类，深入调研并对比分析不同经营时间的企业、不同规模大小的企业、不同行业领域的企业对营商环境的需求及现有政策支持差别。

同样，评价对象也要进行分类。不同的部门和单位其职能存在较大差异，不可一视同仁。比如，在政府职能部门中，有的拥有较多的执法监管权，有的部门为综合服务部门，根据经验，与市场主体接触较多、拥有较多审批或监管权的部门满意度相对偏低；与市场主体接触少的部门或者主要职能为政府内部管理的部门，或者主要职能为公共服务性质的事业单位满意度相对偏高。因此，可能存在不公平的问题，应该进行相应的分类。

第三，坚持科学客观原则。在开展市场主体满意度对营商环境的评估工作过程中，评价结果的科学性、客观性是非常重要的。问卷设计要遵循科学性原则，要以国家和省市考核主要内容为基础，设计调查问卷并征求多方意见，确保问卷更加精准、透明。开展营商环境满意度评价要确保调查渠道广泛，代表性强，既要包括市场主体，也要包括群众，还要包括各类社会监督群体。同时，评价方法要丰富多元，通过多种渠道获取数据，可以有效地弥补单一渠道的偏差，使评价更客观、更科学。比如，网络问卷调查法、电话调查法、拦截面访、针对特定人群开展现场问卷调查、座谈会、走访企业、投诉与反馈意见评价等。

第四，坚持优化改进原则。营商环境评价是发现营商环境短板和弱项的重要手段。但要真正做到以评促改，必须加强结果的反馈和运用。加强结果及时反馈，在营商环境评价结束后，及时向评价对象反馈评价结果，包括评价数据总体情况、存在问题和意见建议。强化结果有效运用。各部门根据反馈结果，主动深入分析自身营商环境状况，查找短板弱项，对标先进地区，因地制宜出台有针对性的改革举措。定期开展跟踪评价，要重点针对前面提出的问题、要求查看整改情况。

参考文献

［1］Parasuraman A，Zeithaml V A，Berry L L. A Conceptual Model of Service Quality and its Implications for Future Research ［J］. Journal of Marketing，1985，49（4）：41-50.

［2］Parasuraman A，Zeithaml V A，Berry L L. SERVQUAL：A Multiple-Item Scale for Measuring Consumer Perceptions of Service Quality ［J］. Journal of Retailing，1988，64（1）：12-40.

［3］Rieper O，Mayne J. Evaluation and Public Service Quality ［J］. International Journal of Social Welfare，1998，7（2）：118-125.

［4］Tenner A R，Detoro I J. Total Quality Management—Three Steps to Continuous Improvement ［M］. New York：Addison Wesley，1994：68-70.

［5］包翼. 基于利益相关者获得感的营商环境评估框架的构建 ［J］. 北京财贸职业学院学报，2020，36（4）：21-25，46.

［6］曹礼和. 顾客满意度理论模型与测评体系研究 ［J］. 湖北经济学院学报，2007（1）：115-119.

［7］陈敬恩. 北海市获得用水营商环境的优化策略 ［J］. 广西城镇建设，2021（5）：26-28.

[8] 陈鹏悦. 东北区域营商环境法治化建设优化策略研究 [J]. 法制博览, 2021 (9): 21-22.

[9] 陈卫东. 司法体制综合配套改革若干问题研究 [J]. 法学, 2020 (5): 3-17.

[10] 陈知然, 于丽英. 基于服务生态系统的服务质量管理探索 [J]. 管理现代化, 2014 (1): 24-26.

[11] 重庆市高级人民法院课题组. 法治化营商环境司法评估的价值、理论与技术路径——以《重庆法治化营商环境评估指数体系 (2019)》为例 [J]. 人民司法, 2020 (7): 46-50.

[12] 戴丽娜. 东北地区法治化营商环境研究 [J]. 世纪桥, 2019 (5): 64-66.

[13] 董晓瞳. 以纳税人需求为导向的基层税务局纳税服务优化研究 [D]. 天津财经大学硕士学位论文, 2020.

[14] 端木玉芳. 法治筑牢营商环境优化之基 [J]. 法制与社会, 2021 (1): 143-144.

[15] 冯曦阳. 顾客导向视角下广州市营商环境满意度影响因素的实证研究 [D]. 广州大学硕士学位论文, 2020.

[16] 广州市市场监管局课题组, 卢燕, 朱松艺. 培育开办企业便利度改革新优势 助推广州营商环境建设走前列——对持续提升开办企业便利度的实践与思考 [J]. 中国市场监管研究, 2019 (4): 76-79.

[17] 贵斌威. 营商环境评估: 基本方法与中国实践 [J]. 经济研究导刊, 2019 (18): 3-5, 69.

[18] 韩经纶, 董军. 顾客感知服务质量评价与管理 [M]. 天津: 南开大学出版社, 2006.

［19］何翠云．提升营商环境评价的引导作用［N］．中华工商时报，2021-05-24（003）．

［20］胡敏．深化放管服改革激发市场活力和创造力［N］．经济参考报，2021-06-10（001）．

［21］黄云涛．税收营商环境和纳税人满意度评价测度的比较分析［J］．湖南税务高等专科学校学报，2020，33（2）：52-56．

［22］贾晓强，闻竞．互联网思维视域下政府回应机制创新的路径探析［J］．桂海论丛，2017，33（6）：83-86．

［23］李朝．中国营商环境评估的实践偏差及其矫正［J］．中国行政管理，2020（10）：106-114．

［24］李红玉．顾客满意度——企业生存与发展的导航灯［J］．大众标准化，2006（4）：57-59．

［25］李军，景璐．优化营商环境，提高服务企业效能［N］．克拉玛依日报，2021-02-23（009）．

［26］李先国．顾客满意理论及其发展趋势研究综述［J］．经济学动态，2010（1）：87-90．

［27］李作战．从期望模型中的信息失真探究影响顾客满意的因素［J］．企业经济，2002（8）：17-18．

［28］廖福崇．网络舆情治理与公众政治信任［J］．党政论坛，2020（10）：33-35．

［29］刘刚，梁晗．外部性视角下营商环境的优化——基于企业需求导向的研究［J］．中国行政管理，2019（11）：52-59．

［30］刘刚．上海自贸试验区营商环境优化研究［D］．中共上海市委党校硕士学位论文，2018．

［31］刘海睿．东北振兴视域下哈尔滨新区优化投资环境对策研

究［D］．哈尔滨师范大学硕士学位论文，2020.

［32］刘亚涛．5S 服务质量管理——让顾客更满意［J］．清华管理评论，2013（2）：86-93.

［33］刘艳梅，徐振增．县域营商环境评估"执行合同"指标的现状、影响因素和优化策略——基于 22 个县（市、区）样本的分析［J］．治理现代化研究，2021，37（6）：76-84.

［34］娄成武，张国勇．基于市场主体主观感知的营商环境评估框架构建——兼评世界银行营商环境评估模式［J］．当代经济管理，2018，40（6）：60-68.

［35］娄成武，张国勇．基于制度嵌入性的营商环境优化研究——以辽宁省为例［J］．东北大学学报（社会科学版），2018（3）：277-283.

［36］卢燕，朱松艺．培育开办企业便利度改革新优势助推广州营商环境建设走前列——对持续提升开办企业便利度的实践与思考［J］．中国市场监管研究，2019（4）：76-79.

［37］路林翰，韩毅．基于顾客导向理论优化营商环境的对策研究——以沈阳市为例［J］．辽宁经济，2020（1）：40-42.

［38］吕雁琴，陈静，邱康权．中国营商环境指标体系的构建与评价研究［J］．价格理论与实践，2021（4）：99-103.

［39］罗培新．世界银行营商环境评估方法的规则与实践［J］．上海交通大学学报（哲学社会科学版），2021，29（6）：15-21.

［40］罗培新．世界银行营商环境评估方法论：以"开办企业"指标为视角［J］．东方法学，2018（6）：12-19.

［41］孟雁．构建新时代法治化营商环境［J］．当代广西，2021（9）：48-49.

［42］彭向刚，马冉．政务营商环境优化及其评价指标体系构建［J］．学术研究，2018（11）：55-61．

［43］钱丽梅．基于"获得信贷"下世界银行营商环境评估体系的借鉴及运用［J］．商展经济，2020（11）：56-58．

［44］覃耀萱．政府治理视域下优化营商环境的路径分析［J］．经济视角，2020（1）：8-14．

［45］容志．公共服务需求分析：理论与实践的逻辑［M］．北京：人民出版社，2019．

［46］沈荣华．优化营商环境重在市场化法治化国际化［J］．国家治理，2021（9）：45-48．

［47］狩野纪昭，梁红霞，田彤坤．质量进化：可持续增长之路［J］．中国质量，2012（10）：14-18．

［48］狩野纪昭．从质量到卓越经营［J］．中国质量，2012（2）：13．

［49］谭瑾，金辰，李子韵，张晓蕊，郭永陆，徐仕源，梁龙．基于"获得电力"用户满意度模型的营商环境优化提升研究［J］．中国市场，2021（12）：123-126．

［50］王鹤，邵雅利．深化行政审批改革背景下的营商环境优化研究——以福州市为例［J］．长春理工大学学报（社会科学版），2017，30（2）：45-50．

［51］王琳，崔媛．过剩经济下消费者效用理论的重构——基于交易成本和选择成本的分析［J］．营销界，2021（20）：16-17．

［52］王小鲁．调结构促改革才是当务之急［J］．小康，2017（3）：26．

［53］王雅宁，韩小威．服务型政府背景下移动政务建设的重要

性及策略 [J] . 中国管理信息化, 2018, 21 (22): 127-128.

[54] 王志兴, 李铁治 . 顾客满意理论综述 [J] . 商场现代化, 2009 (23): 37-39.

[55] 魏淑艳, 孙峰 . 东北地区投资营商环境评估与优化对策 [J] . 长白学刊, 2017 (6): 84-92.

[56] 翁列恩, 胡税根 . 公共服务质量: 分析框架与路径优化 [J] . 中国社会科学, 2021 (11): 31-53.

[57] 吴思康 . 深圳营商环境评估的五个维度及优势分析 [J] . 人民论坛, 2019 (28): 46-47.

[58] 谢红星 . 营商法治环境评价的中国思路与体系——基于法治化视角 [J] . 湖北社会科学, 2019 (3): 138-147.

[59] 谢秋山, 余琼玉 . 交易成本理论框架下的基层痕迹主义生成逻辑及其治理优化 [J] . 湖南财政经济学院学报, 2021, 37 (3): 82-91.

[60] 邢文杰, 刘彤 . 基于营商环境视角的企业家创业行为研究 [J] . 贵州大学学报 (社会科学版), 2015, 33 (4): 91-96.

[61] 许晓冬, 刘金晶 . 我国省域营商环境评价指标体系构建与优化路径研究 [J] . 价格理论与实践, 2020 (11): 173-176.

[62] 严卓可 . 区县营商环境满意度及影响因素研究 [D] . 浙江大学硕士学位论文, 2019.

[63] 颜海娜, 王丽萍 . 电子政务、繁文缛节与政府信任: 政务服务满意度的中介效应校验 [J] . 广东行政学院学报, 2019, 31 (6): 5-16.

[64] 杨娟 . 基于市场主体导向的民营企业营商环境评价研究 [D] . 江西师范大学硕士学位论文, 2020.

［65］杨梦园.市场主体视角的营商环境评价研究［N］.温州日报，2021-02-02（007）.

［66］杨涛.营商环境评价指标体系构建研究——基于鲁苏浙粤四省的比较分析［J］.商业经济研究，2015（13）：28-31.

［67］杨玉杰，俞慧萍.加强人工成本管理的重要意义［J］.商场现代化，2009（14）：294.

［68］杨元媛.政商关系对企业创新行为的影响研究［J］.经营与管理，2019（9）：13-15.

［69］姚如青.让市场体系建设和营商环境优化"同频共振"［J］.杭州，2021（3）：42-45.

［70］于欣欣.各级工商联以需求为导向创新服务举措——以辽宁省为例［J］.沈阳干部学刊，2020，22（1）：50-52.

［71］袁春瑛，李青.基于居民视角的派出所警察服务质量供需差距分析［J］.中国人民公安大学学报（社会科学版），2010，26（4）：103-109.

［72］张成福.风险社会中的政府风险管理——评《政府风险管理——风险社会中的应急管理升级与社会治理转型》［J］.中国行政管理，2015（4）：157-158.

［73］张启春，梅莹.基本公共服务质量监测：理论逻辑、体系构建与实现机制［J］.江海学刊，2020（4）：242-247.

［74］张小明，陈虎.新公共管理与新公共服务的异同对我国政府改革的启示［J］.党政干部论坛，2005（12）：28-30.

［75］张志铭，王美舒.中国语境下的营商环境评估［J］.中国应用法学，2018（5）：29-37.

［76］赵公寅.企业营商环境的研究现状以及政策建议［J］.

中国中小企业，2020（9）：151-152.

［77］赵海怡．企业视角下地方营商制度环境实证研究——以地方制度供给与企业需求差距为主线［J］．南京大学学报（哲学·人文科学·社会科学版），2020，57（2）：51-64.

［78］郑方辉，尚虎平．中国法治政府建设进程中的政府绩效评价［J］．中国社会科学，2016（1）：117-139，206.

［79］钟飞腾，凡帅帅．投资环境评估、东亚发展与新自由主义的大衰退——以世界银行营商环境报告为例［J］．当代亚太，2016（6）：118-154，158-159.

［80］仲伟仁，席菱聆，武瑞娟．基于 ACSI 模型的网络购物满意度影响因素实证研究［J］．软科学，2014，28（2）：100-105.

［81］朱锴治．政府职能转变视域下政务环境评估及其客观绩效对公众满意度的影响［D］．浙江大学硕士学位论文，2020.

［82］朱仁显，樊山峰．"互联网+"背景下政府回应问题研究［J］．长白学刊，2017（6）：42-48.